Das Teebuch

Das Teebuch

Das Teebuch

Linda Gaylard

DK

DK UK
Projektbetreuung Kathy Woolley
Cheflektorat Dawn Henderson
Redaktionsleitung Peggy Vance
Gestaltung und Satz Christine Keilty, Vicky Read, Phil Ormerod, Maxine Pedliham
Herstellung Dragana Puvacic, Jen Scothern
Umschlaggestaltung Nicola Powling
Repro AltaImage Ltd

DK Indien
Cheflektorat Alicia Ingty
Lektorat Dorothy Kikon
Redaktion Seetha Natesh, Gopa Pincha
Bildredaktion Navidita Thapa, Neha Wahi, Sourabh Challariya
DTP-Design Tarun Sharma, Syed Md. Farhan
Herstellung Sunil Sharma

Für die deutsche Ausgabe:
Programmleitung Monika Schlitzer
Projektbetreuung Sarah Fischer
Herstellungsleitung Dorothee Whittaker
Herstellungskoordination Katharina Dürmeier
Herstellung Christine Rühmer
Covergestaltung Christine Rühmer

Titel der englischen Originalausgabe:
The Tea Book

Übersetzung Brigitte Rüßmann, Wolfgang Beuchelt (Scriptorium Köln)

Lektorat Julia Niehaus

Satz Roman, Bold & Black, Köln

ISBN 978-3-8310-2788-0

Druck und Bindung in Hong Kong

Besuchen Sie uns im Internet
www.dorlingkindersley.de

Hinweis
Die Informationen und Ratschläge in diesem Buch sind von den Autoren und vom Verlag sorgfältig erwogen und geprüft, dennoch kann eine Garantie nicht übernommen werden. Eine Haftung der Autoren bzw. des Verlags und seiner Beauftragten für Personen-, Sach- und Vermögensschäden ist ausgeschlossen.

INHALT

VORWORT

Immer wieder werde ich in meiner Eigenschaft als Teesommelière gefragt: Erstens, was tut eine Teesommelière, und zweitens, wie kamen Sie dazu, sich so für Tee zu begeistern?
Ich beantworte gerne die zweite Frage zuerst. Einen exakt zu bestimmenden Zeitpunkt, an dem ich die Teebeutel hinter mir ließ und den »wahren Weg des Tees« beschritt, gibt es nicht. Es war eher ein allmähliches Kennenlernen loser Tees, das meine Wahrnehmung veränderte. Ich näherte mich der Welt dieses Getränks durch aufmerksames Studium, Erfahrung, Reisen zu Plantagen und den Austausch mit den Profis aus der Industrie an.
Indem ich die jeweiligen Tees und die Traditionen ihrer Zubereitung und ihres Genusses erkundete, entdeckte ich nach und nach die Unterschiede zwischen den Kulturen. Auf der einen Seite gilt es, diese kulturellen Traditionen und Gebräuche zu achten. Auf der anderen Seite ermuntern moderne Entwicklungen bei Mischgetränken, kalten Aufgüssen und so weiter dazu, für neue Ideen offen zu sein. Ich probiere immer wieder gerne neue Arten, Tee zu genießen, vor allem, wenn auf diese Weise fremde Kulturen zueinanderfinden.
Die erste Frage ist noch offen und ich hoffe, dass die Beantwortung des »Wie« das »Was« erklären hilft. Ein Teesommelier hat die Aufgabe, Teetrinker davon zu überzeugen, dass hinter dem Genussmittel Tee viel mehr steckt, als ein Teebeutel vermuten lässt, nämlich Geheimnisse, Reisen, Wirtschaft, Kultur und Zeremoniell – kurz: eine eigene Welt.
Das Teebuch soll Ihr Einstieg in diese Welt sein und Ihnen neue Erkenntnisse vermitteln, ob Sie nun Loseblatt-Tees gerade erst kennenlernen oder bereits wissen, was der Unterschied zwischen Oolong und Pu-Erh ist. Ich hoffe, Ihnen Lust auf Tee und die Abenteuer machen zu können, die er zu bieten hat.

Linda Gaylard

WAS IST TEE?

DIE HEUTIGE TEEKULTUR

Der Handel bietet mehr Loseblatt-Tees und mehr Geräte für deren Zubereitung an als je zuvor. Eine moderne Teekultur ist entstanden, für alle, die Lust auf Wissen und vor allem auf neue Begegnungen mit ihrem Lieblingsgetränk haben.

In der ersten Hälfte des vergangenen Jahrhunderts gab es ausschließlich Blatt-Tees. Dann änderten sich die Lebensgewohnheiten und Bequemlichkeit wurde über Geschmack und Tradition gestellt. So begann der Siegeszug des Teebeutels. Heute kehren immer mehr Genießer und Kenner zum Blatt-Tee zurück. Sie schulen ihren Gaumen und streben nach Wissen auf dem weiten Feld hochwertiger Tees, die sie zu Hause oder in Restaurants und Cafés genießen wollen. Neugierige Konsumenten wollen mehr über die Teekultur in aller Welt und uralte Teezeremonien erfahren und nehmen online Kontakt mit Produzenten und Händlern, Spezialisten und Bloggern auf, um ihr Wissen zu vermehren und zu teilen.

TEE ALS ALLTAGSLUXUS

Ein sicheres Anzeichen, dass es sich dabei nicht um eine vorübergehende Mode handelt, ist die Vielfalt an problemlos erhältlichen hochwertigen Tees. Selbst im Supermarkt findet man heute diverse lose Tees und daneben innovative Neuentwicklungen wie den clever konstruierten pyramidenförmigen Teebeutel für hochwertige Blatt-Tees, wie Jasminperlen, chinesische Grüntees und White Tips. Man braucht auch meist nicht weit zu fahren, um in der Stadt ein Teegeschäft mit Tees aus aller Welt zu finden. Cafés, die früher nur schwarzen Beuteltee servierten, bieten heute ganz selbstverständlich auch Qualitätstees, moderne Zubereitungsmethoden und geschultes Personal. Es gibt Restaurants mit umfangreichen Teekarten und spezielle Teebars, die Tee-Cocktails und Tee-Cuisine anbieten. Wir lernen immer neue exotische Tees kennen und vieles spricht dafür, dass dieser Trend noch lange nicht seinen Höhepunkt erreicht hat.

Angesichts solcher Entwicklungen entsteht ein neuer Typ Teeliebhaber, der die Herkunftsländer seiner Tees bereist, Gebräuche studiert, mit Produzenten spricht und von seinen Reisen seltene Tees mitbringt, um sie mit Freunden zu teilen.

COCKTAILZUTAT
Der richtige Tee kann einen Cocktail um neue Geschmacksschichten und frische Komplexität bereichern.

JAPANISCHES GRÜN
Grüner Tee aus Japan, wie dieser Sencha, ist für seine feine Süße und seine marinen Geschmacksnoten berühmt.

Gesüßter Eistee wird seit über einem Jahrhundert in ganz Nordamerika getrunken.

WAS GIBT'S NEUES BEIM TEE?

Die Menschen trinken seit Jahrhunderten Tee, aber es gibt ein neu erwachtes Interesse und eine Szene, in der sich alles um die besten Tees, Traditionen und Rituale aus aller Welt dreht.

HYPE UM MATCHA

Matcha ist der neue Trend bei gesundheitsbewussten Teetrinkern. Man kann die pulverisierten grünen Blätter als gesunden morgendlichen Koffeinspender, als cremigen Latte, mit Früchten gemischt und als schnellen Drink aus dem Kühlschrank genießen oder man verarbeitet sie in Keksen und Kuchen.

TEE-COCKTAILS

Barkeeper haben die große Bandbreite an Geschmacksnoten als willkommene Bereicherung ihrer Cocktailrezepte entdeckt. Heute bekommt man in angesagten Bars »Teatinis«, mit Tee zubereitete Martinis, die man auch zu Hause mixen kann.

TEE-DESSERTS

So wie die Barkeeper mit ihren Cocktails experimentieren, arbeiten Tee-Blender an innovativen »Dessert-Tees« (siehe S. 62/63) und lassen sich dabei von traditionellen Nachspeisen zu köstlichen Kreationen mit Früchten, Schokolade und Gewürzen inspirieren.

FERMENTATION

Der fermentierte und prickelnde probiotische Tee Kombucha taucht rund um die Welt immer häufiger in diversen Geschmacksrichtungen im Handel und als Cocktail-Zutat in Bars auf. Man kann ihn fertig kaufen oder selbst zubereiten (siehe S. 174).

GOURMET-TEES

Auch in der gehobenen Gastronomie entwickelt sich der Tee rasant zu einer beliebten Zutat. Warum nicht einmal Masala-Chai-Scones, Grüntee-Dressings und Lapsang-Souchong-Grillgewürz ausprobieren?

MAN FINDET HEUTE AUCH IM SUPERMARKT MEHR UND MEHR TEESPEZIALITÄTEN.

GESUNDBRUNNEN

Tee gilt schon seit Langem auch als Heilmittel, aber es gibt eine Fülle neuer Studien, die mehr gesundheitsfördernde Wirkungen entdeckt haben, als die Teepioniere sich je hätten träumen lassen. Grüner Tee ist heute so weit verbreitet, dass er mittlerweile auch in Ländern ohne Grünteetradition, wie Sri Lanka und Indien, angebaut wird, um die weltweite Nachfrage zu befriedigen.

TEE AUF DIE HAND

Trinkfertig abgefüllter Tee erfreut sich zunehmender Beliebtheit und ist in immer mehr Läden, Cafés und Supermärkten erhältlich. Das populäre Convenience-Produkt ist pur, aber auch mit Früchten, Kokosflocken und anderen Zutaten vermischt erhältlich.

BUBBLE TEA

Der bunte und leckere Bubble Tea (siehe S. 192) hat seit seiner Erfindung in den 1980ern in Taiwan die Welt im Sturm erobert. Von den dicken Trinkhalmen bis zu den kräftig aromatisierten Tapiokaperlen (Boba) am Boden ist alles an dieser Teekreation auf Trinkspaß getrimmt.

AM LIEBSTEN KALT

Ein wachsender Trend sind kalte Aufgüsse (siehe S. 58/59). Sie ziehen mehr natürliche Süße aus den Teeblättern und haben weniger Koffein als heißer Tee. Für die Zubereitung dieser gekühlten Tees gibt es im Handel eine ganze Reihe von Utensilien, die unterschiedlich kompliziert zu bedienen sind.

DIE PFLANZE, DIE DIE WELT VERÄNDERTE

Weltweit werden zahllose Teesorten angebaut, die alle unterschiedlich aussehen und schmecken, aber alle aus den Blättern der einen immergrünen Pflanze gewonnen werden: *Camellia sinensis*, des Teestrauchs.

CAMELLIA SINENSIS

Es gibt zwei Hauptsorten der *Camellia sinensis*. Die Tees des China-Teestrauchs, *Camellia sinensis* var. *sinensis*, variieren geschmacklich von leicht und frisch bis voll und malzig. Der kleine Strauch ist an kühles, frostiges Klima angepasst, wie man es in den Höhenlagen Chinas, Taiwans und Japans findet. Er wird bis zu 6 m hoch, wenn man ihn sich selbst überlässt. Der Assam-Teestrauch, *Camellia sinensis* var. *assamica*, hat größere Blätter und gedeiht in tropischen Regionen wie Indien, Sri Lanka und Kenia. Die Blätter werden bis zu 20 cm lang, während er selbst in der freien Natur bis zu 15 m hoch wird. Seine Tees rangieren geschmacklich zwischen weich und grasig-grün bis kräftig-malzig.

KULTURSORTEN: DER CHARAKTER EINER PFLANZE

Eine der Eigenschaften des Teestrauchs ist seine Fähigkeit, sich perfekt an seine Umgebung anzupassen. Züchter arbeiten beständig daran, bestimmte Eigenarten ihrer Sträucher, wie z. B. ein bestimmtes Geschmacksprofil oder auch die Resistenz gegen Trockenheit oder Schädlinge, in Kultursorten zu verstärken und fortzupflanzen.

Dank menschlicher Zuchtbemühungen und natürlicher Mutationen gibt es heute mehr als 500 Hybriden der Teepflanze, von denen manche ausschließlich für eine bestimmte Teesorte gezüchtet wurden, wie z. B. der Da-Bai-Ho-Kultivar für weißen Tee oder der Yabukita, der beliebteste Teekultivar Japans.

TEEANBAU

Eine typische terrassierte Plantage an den Hängen des Cameron-Hochlands in Malaysia (oben). *Camellia sinensis* var. *sinensis* (rechts) entwickelt dank ihres langsamen Wachstums feine Geschmacksnuancen.

ANATOMIE EINER TEEPFLANZE

Camellia sinensis ist mit bis zu fünf Ernten im Jahr sehr produktiv. Man nutzt jeden Teil der Pflanze, von den zarten Frühlingsknospen bis zu reifen Blättern und kleinen Zweigen.

TEESAMEN

Die Samen sind braun, rund, etwa 1 cm groß und besitzen manchmal eine abgeflachte Seite. Sie haben eine sehr harte Schale, brauchen zum Keimen 4–6 Wochen und wachsen bei sorgfältiger Pflege zu großen Teesträuchern heran.

ANBAU UND ERNTE

Der erwachsene Teestrauch ist winterhart und verträgt die unterschiedlichsten klimatischen Bedingungen, braucht aber Zeit zum Wachsen. Deshalb sorgen Teebauern gut für ihre Pflanzen, während sie wachsen und gedeihen.

SAMEN ODER STECKLING?

Beim Teestrauch geht es eher um die Blätter als um Blüten oder Früchte (Samen). Man möchte in der Wachstumsphase so viel neuen Wuchs wie möglich erzielen, um eine reiche Ernte einzufahren. Bei der Nachzucht neuer Pflanzen verfolgen die Produzenten unterschiedliche Ansätze. Handwerklich arbeitende Anbauer ziehen Pflanzen gerne aus Samen nach, weil sie glauben, dass die erwachsenen Sträucher durch das natürliche Wachstum und die damit verbundene Mühe robuster werden. Meist zieht man neue Sträucher aber aus Stecklingen nach, die schließlich zu einem Klon der Ursprungspflanze heranwachsen. Sie sind etwas früher erntereif als Sämlinge und weisen zuverlässig die Eigenschaften der Mutterpflanze auf, was vielen Produzenten lieber ist.

NACHZUCHT AUS SAMEN

Es dauert mehr als ein Jahr, bis eine Blüte Samen ausprägt. Die Knospenblüten erscheinen im Sommer und öffnen sich im Frühherbst. Die Samen fallen dann in der kalten Jahreszeit (Oktober bis Januar) und werden kurz darauf eingesammelt. In China sammelt man sie im Spätherbst oder frühen Winter.

WURZELN

Die Jungpflanze bildet eine Pfahlwurzel aus, mit der sie Nährstoffe aufnimmt und die sie fest im Boden verankert.

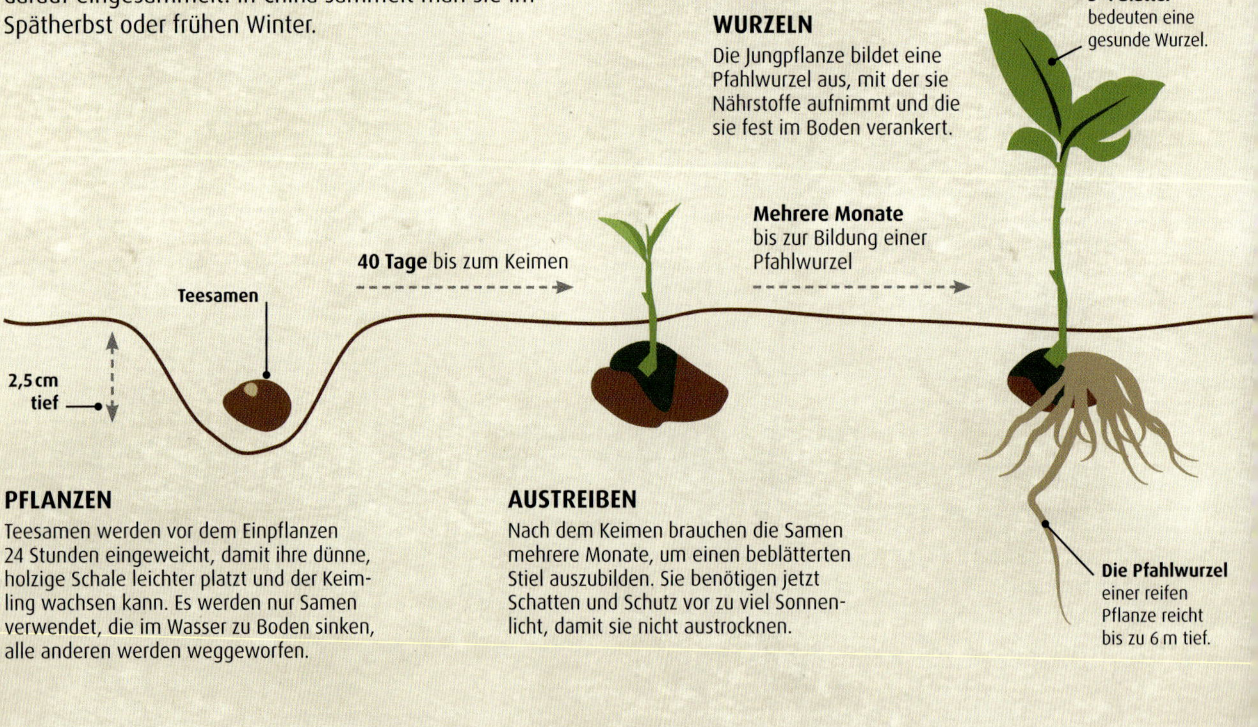

PFLANZEN

Teesamen werden vor dem Einpflanzen 24 Stunden eingeweicht, damit ihre dünne, holzige Schale leichter platzt und der Keimling wachsen kann. Es werden nur Samen verwendet, die im Wasser zu Boden sinken, alle anderen werden weggeworfen.

AUSTREIBEN

Nach dem Keimen brauchen die Samen mehrere Monate, um einen beblätterten Stiel auszubilden. Sie benötigen jetzt Schatten und Schutz vor zu viel Sonnenlicht, damit sie nicht austrocknen.

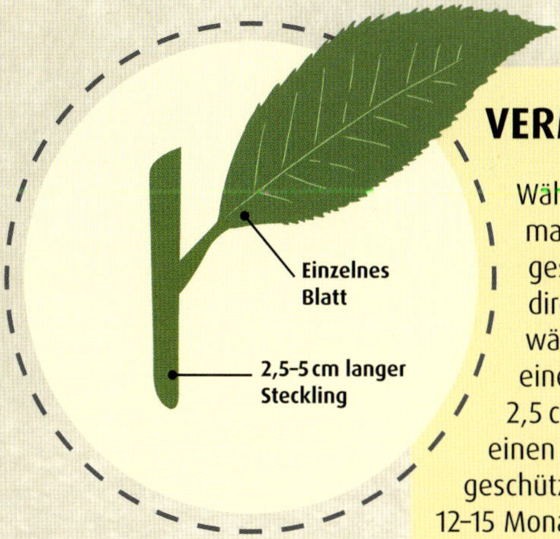

VERMEHRUNG MIT STECKLINGEN

Während der Vegetationsruhe der Pflanze nimmt man einen 2,5–5 cm langen Steckling mit nur einem gesunden Blatt aus der Mitte des Haupttriebs, der direkt aus dem Hauptstamm der Mutterpflanze wächst. Man führt dazu mit einem scharfen Messer einen diagonalen Schnitt etwa 5 mm über und 2,5 cm unter dem Blatt aus und setzt den Steckling in einen Blumentopf. Er muss vor direktem Sonnenlicht geschützt und täglich mit Wasser benebelt werden. Nach 12–15 Monaten hat er Wurzeln getrieben und kann aufs Feld ausgepflanzt werden. Nach weiteren 12–15 Monaten ist er das erste Mal erntereif. Damit liegen zwischen Schnitt und Erntereife in der Regeln 2–4 Jahre. Aus Stecklingen gezogene Sträucher werden 30–40 Jahre alt, während aus Samen gezogene Pflanzen mehrere Hundert Jahre lang produktiv sein können. In der chinesischen Yunnan-Provinz gibt es wilde Teebäume, die vermutlich 2000 Jahre alt sind.

SCHNEIDEN

Der erwachsene Strauch ist 1–1,2 m hoch und sollte in der Regel rund 30 Zweige haben, um eine gute Form und Höhe für die Ernte zu erreichen. Er wird das erste Mal nach zwei Jahren während der Vegetationsruhe beschnitten. Danach wird der Strauch jedes Jahr leicht zurückgeschnitten, und alle 3–4 Jahre schneidet man sämtliche Blätter und sekundären Triebe radikal zurück, um die Pflanze zu verjüngen.

KNOSPE UND BLÄTTER

Von Hand gelesene Blätter sollen strenge Industrienormen einhalten: Triebe mit 2–3 kleinen Blättern und jungen Knospen werden zur Verarbeitung bevorzugt. Dies nennt man einen »fine pluck«.

TERROIR

Wie Wein, so hat auch jeder Tee seinen eigenen Charakter, und selbst Tees der gleichen Sorte schmecken von Region zu Region unterschiedlich. Verantwortlich ist dafür das Terroir, das Ökosystem, in dem die Pflanze gedeiht.

Die Umweltbedingungen, unter denen die Pflanze lebt, spielen eine wichtige Rolle in ihrer Entwicklung und Qualität. Dabei beeinflussen natürliche Faktoren wie Höhe, Bodenbeschaffenheit und Klima den Charakter der Blätter ebenso wie die Mengen an Vitaminen, Mineralien und anderen Substanzen, die sie erhalten.

Die Teebauern hoffen immer auf ein beständiges und zuverlässiges Umfeld, um eine gute Ernte zu erzielen, aber die Natur ist oft genug unberechenbar. Faktoren wie extreme Wetterlagen, geringe Niederschläge und magere Böden beeinflussen das Wachstum des Teestrauchs, haben aber ebenso auch Folgen für die Verarbeitung der Blätter.

BREITENGRAD UND HÖHE

Teesträucher fühlen sich in den Subtropen zwischen 40 °N und 30 °S am wohlsten, wo es weder zu kalt noch zu trocken ist. Manche Tee produzierenden Länder, wie Kenia, liegen genau auf dem Äquator, aber ihre Anbaugebiete befinden sich im Hochland, wo die Temperaturen niedriger sind.

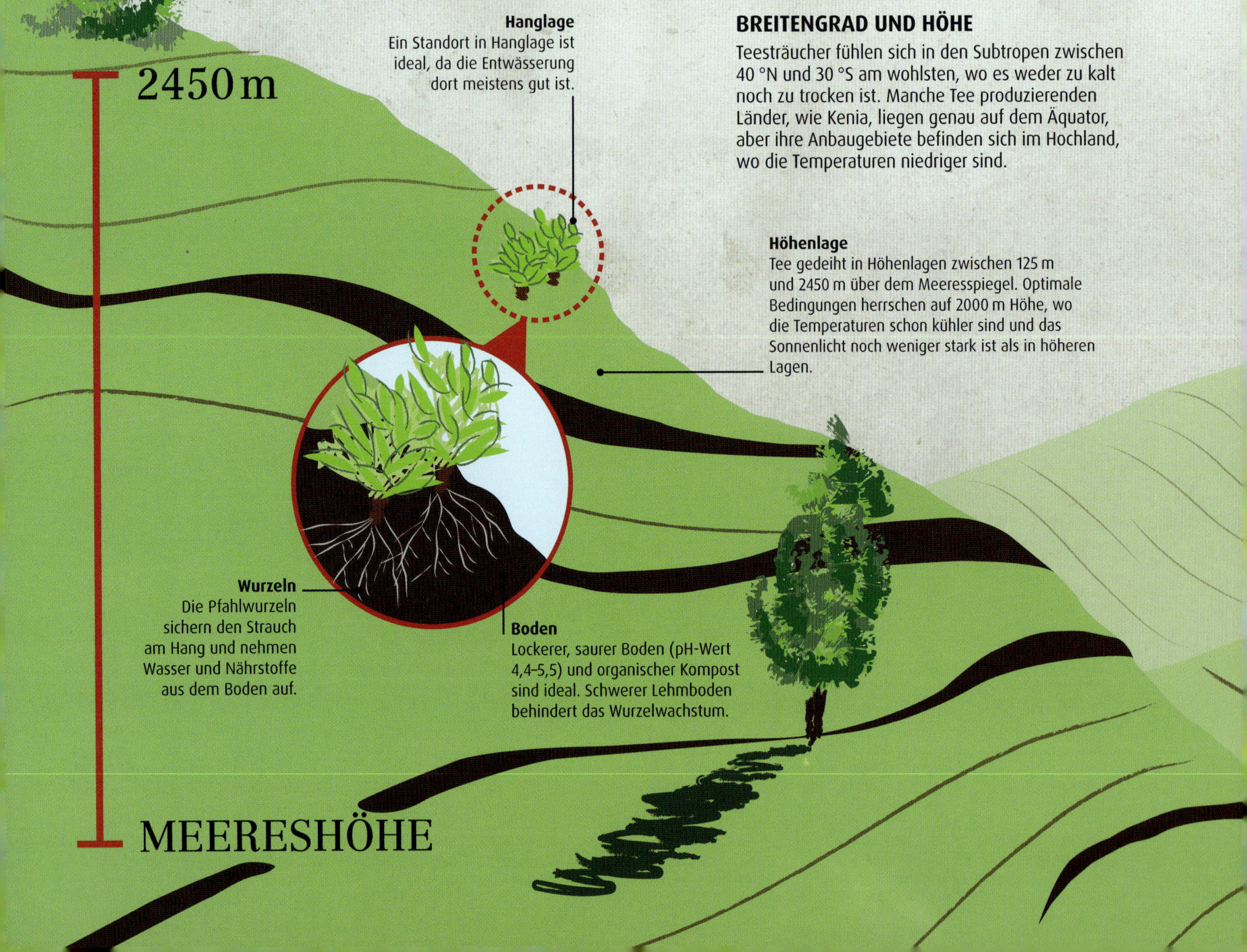

KLIMA

Niederschlagsmengen, Windrichtung und -stärke sowie Temperaturschwankungen haben entscheidenden Einfluss auf den Ernteertrag.

Sonneneinstrahlung
Teeplantagen brauchen idealerweise 5 oder mehr Sonnenstunden am Tag.

Regen
Teesträucher benötigen mindestens 1500 mm Niederschlag pro Jahr. Zu viel Regen ist schädlich, weil der Strauch eine 3–4-monatige Ruhephase braucht, um Kraft für die anstehende Wachstumsphase zu sammeln.

Wolken
Die Wolkendecke steuert die Sonneneinstrahlung.

Ausrichtung des Hangs
Wächst der Tee an einem Hang, ist die Zahl der Sonnenstunden abhängig von der Ausrichtung des Hangs.

Nebel
Teesträucher profitieren von Nebel, weil er nicht nur Feuchtigkeit spendet, sondern auch vor der Sonne schützt.

Bäume
Häufig werden laubwechselnde Bäume als Schattenspender zwischen die Teesträucher gepflanzt.

Schatten
Der Schatten von Bäumen hilft dabei, die Temperatur der Teesträucher zu regulieren.

TEEPLANTAGE
Eine Plantage in Kurseong, Darjeeling (Indien), mit strategisch platzierten hohen laubwechselnden Bäumen, die den Teesträuchern Schatten spenden.

VERARBEITUNG

Der Weg vom Strauch in die Tasse beginnt auf der Teeplantage, wo die Blätter sorgfältig gepflegt und für die Weiterverarbeitung vorbereitet werden.

PLANTAGEN
Manche Teepflanzungen schaffen faszinierende Landschaftsbilder. Andere sind in nüchternen Reihen gepflanzt.

TEEPLANTAGEN

Tee wird auf sogenannten Estates angebaut, die in ihrer Ausdehnung von unter 10 Hektar großen Teegärten bis zu Plantagen mit Tausenden Hektar Anbaufläche und Hunderten von Erntearbeitern rangieren. Unabhängig von der Größe des Betriebs haben alle das gleiche Ziel, aber in Intensität und Dimension der Produktion unterscheiden sie sich stark. Alle Produzenten versuchen, den Geschmack ihrer Kunden zu treffen, und passen ihre Anbau- und Verarbeitungsmethoden entsprechend an. Größere Plantagen verkaufen ihre Ernte auf Auktionen und über Makler pro Tonne und versenden sie mit Containerschiffen, während kleinere Produzenten häufig direkt an Importeure, Groß- und Einzelhändler verkaufen.

INDUSTRIELLE PRODUKTION

Bei großen Plantagen liegt der Schwerpunkt auf einer schnellen und möglichst preisgünstigen Herstellung und sie weichen nur ungern von den am Markt bewährten Sorten ab. Deshalb setzen sie auch Kunstdünger und Pestizide ein, um eine gute Ernte sicherzustellen, und nutzen einen ganzen Maschinenpark, um die Produktion zu beschleunigen.

GARTENTEES

Manche großen Teegärten sind ausgesprochen stolz auf ihre Tradition und legen Wert darauf, dass ihre Tees nicht mit denen anderer Plantagen vermischt werden. Diese Garten- oder Lagentees (»Single Origin Teas«) werden für ihren unverwechselbaren Geschmack geschätzt, der durch das Terroir des Anbaugebiets geprägt ist. Den Produzenten kommt es nicht so sehr auf ein möglichst gleichbleibendes Geschmacksprofil an, wie das bei den großen Plantagen der Fall ist.

KLEINSTPRODUZENTEN

Eine weitere Kategorie der Teeproduzenten stellen die handwerklich arbeitenden Kleinstbetriebe dar, die meist nicht mehr als 10 Hektar Anbaufläche haben. Ihr Erfolg beruht auf ihrer genauen Kenntnis der natürlichen Reaktionen der Teepflanze auf ihren Lebensraum und ihrer Erfahrung im Umgang mit den gepflückten Blättern. Sie begleiten ihr Produkt meist von der Anpflanzung der Samen bis zur individuellen Betreuung des Käufers.

EINZIGARTIGKEIT
Gartentees (»Single Origin«) sind wegen ihres individuellen Stils begehrt.

VERARBEITUNGSMETHODEN

Wenn man Loseblatt-Tees näher betrachtet, sieht man, dass manche Blätter wie kleine Erdklumpen aussehen, während andere wie frisch geerntet wirken. Diese Unterschiede sind hauptsächlich der Verarbeitung nach der Ernte geschuldet. Es gibt zwei industrielle Verarbeitungsmethoden: die CTC-Methode (Crush, Tear, Curl/Brechen, Reißen, Rollen) und die orthodoxe Methode.

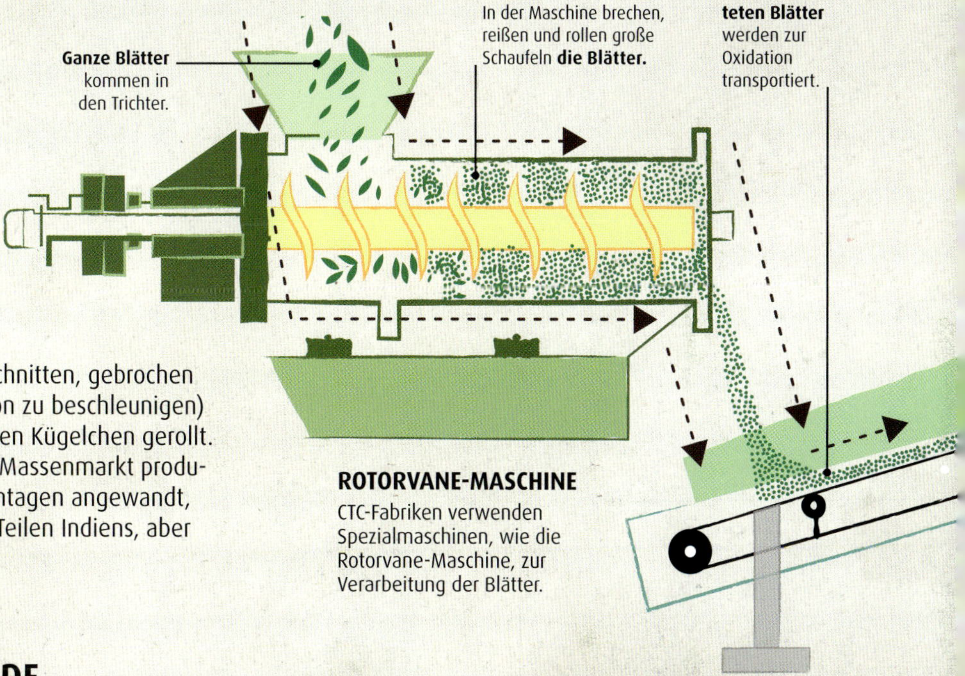

ROTORVANE-MASCHINE
CTC-Fabriken verwenden Spezialmaschinen, wie die Rotorvane-Maschine, zur Verarbeitung der Blätter.

DIE CTC-METHODE

Bei dieser in den 1930er-Jahren entwickelten Methode werden die Blätter maschinell verarbeitet. Dabei werden große, dicke Blätter geringerer Qualität klein geschnitten, gebrochen und gequetscht (um die Fermentation zu beschleunigen) und vor der Oxidation zu gleich großen Kügelchen gerollt. Diese Methode wird nur bei für den Massenmarkt produzierten Schwarztees von großen Plantagen angewandt, vorwiegend in Sri Lanka, Kenia und Teilen Indiens, aber nicht in China.

DIE ORTHODOXE METHODE

Bei der orthodoxen Herstellung wird der Tee vollständig oder teilweise manuell verarbeitet, um die Blätter weitmöglichst zu schonen. Mit dieser Methode werden mit Ausnahme kommerzieller Schwarztees die allermeisten Tees hergestellt. Das unbeschädigte Teeblatt gilt als hochwertiger als das gebrochene. In Indien, Sri Lanka und Kenia werden die Blätter bis heute nach dem alten britischen System gradiert und gehandelt (siehe S. 90). Da die Nachfrage nach dieser Art Tee wächst, übernehmen immer mehr Länder das System. Qualität und Quantität stehen in einem umgekehrt proportionalen Verhältnis, das heißt, dass bei hoher Qualität trotz geringerer Erträge höhere Preise pro Gramm erzielt werden können.

UNGEBROCHENES BLATT
Die orthodoxe Methode will die Blätter möglichst unbeschädigt erhalten. Aber trockene Blätter sind empfindlich und können bei den letzten Verarbeitungsschritten brechen.

MASSENPRODUKT
CTC-Tee wird meist für Teebeutel produziert, weil die sehr klein gebrochenen Blätter (auch als »Fannings« bekannt) ihren Geschmack sehr schnell abgeben.

VON DER PLANTAGE IN DIE KANNE

Bei der Teeproduktion geht es um mehr als das Pflücken und Trocknen der Blätter. Sie umfasst eine Reihe gleich wichtiger Arbeitsschritte.

Jedes Land und jede Region hat ihre eigenen Verarbeitungsmethoden. Am größten sind die Unterschiede bei den händischen Vorgehensweisen. Es gibt aber auch Prozesse, die bereits seit Jahrhunderten unverändert und überall genau gleich ausgeführt werden.

In der heißen Phase der Teeproduktion arbeiten die Hersteller in China, Indien, Japan und Korea rund um die Uhr. Das Zeitfenster für die Ernte ist ausgesprochen eng und die Blätter müssen so schnell wie irgend möglich verarbeitet werden.

DER PRODUKTIONSABLAUF

Nicht alle Teearten durchlaufen dieselben Verarbeitungsstadien. Schwarztees und Oolongs erfordern mehr Schritte als gelber Tee, bei dem der Aufwand am geringsten ist. In der Grafik (Legende auf der Seite gegenüber) können Sie die Produktionswege der einzelnen Teearten von der Ernte bis zum fertigen Produkt (von links nach rechts) verfolgen.

ERNTEN

Die Teeblätter werden über mehrere Wachstumsperioden hinweg geerntet: Im zeitigen Frühjahr (vor allem in Darjeeling), wenn der »First Flush« erscheint, im Frühsommer und in manchen Regionen erneut im Herbst. Am Äquator (z. B. in Kenia) erntet man ganzjährig. In Hanglagen wird von Hand gepflückt, eine schwere Arbeit, die meist Frauen überlassen wird.

WELKEN

Frische Teeblätter enthalten 75 Prozent Feuchtigkeit, die man ihnen vor der Weiterverarbeitung entziehen muss. Die Blätter werden entweder in der Sonne (weißer Tee, Pu-Erh) oder auf Tischen in gut belüfteten Hallen mit einer konstanten Temperatur zwischen 20 °C und 24 °C ausgebreitet, wo sie im Durchschnitt 20 Stunden trocknen (die Dauer variiert je nach Teeart).

ROLLEN

Nach dem Welken sind die Blattsäfte stärker konzentriert und die Blätter können gerollt, verdrillt oder gelockt werden. Bei dieser Behandlung werden die Zellwände aufgebrochen. Das ermöglicht bei schwarzen Tees und Oolongs eine optimale Oxidation, während bei grünen und gelben Tees die Aromastoffe an die Oberfläche treten.

FIXIEREN

Diesen Schritt durchlaufen nur grüne und gelbe Tees, die man nicht gezielt verwelken lässt, sondern nur kurz mit einem Gebläse trocknet. Die Blätter werden bei starker Hitze schnell »fixiert«, um Enzyme zu zerstören und eine Oxidation zu verhindern. Dieser auch »Kill Green« genannte Schritt erfolgt in wokähnlichen Pfannen. So bleiben Aromen und ätherische Öle erhalten.

LEGENDE

- WEISSER TEE
- SCHWARZER TEE & OOLONG
- PU-ERH
- GRÜNER TEE
- GELBER TEE

FIRST FLUSH
Eine Pflückerin erntet im zeitigen Frühjahr die zarten neuen Blattknospen. Nach der Winterruhe »fluten« die Nährstoffe die jungen Triebe, daher der Name.

REIFUNG

Nach dem Rollen werden die Pu-Erh-Blätter gerollt und für die Reifung zu Ziegeln gepresst. Es gibt zwei Arten von Pu-Erh: Sheng (roh) und Shu (reif). Sheng-Pu-Erh fermentiert auf natürliche Weise und bildet über viele Jahre Mikroorganismen aus, während Shu-Pu-Erh über einige Monate in klimakontrollierten Lagerhäusern gereift wird.

OXIDATION

Bei der Fermentierung (eigentlich eine Oxidation), zu der die Blätter in feuchter Umgebung ausgebreitet werden, wandeln sich Enzyme im Blatt in Theaflavine (Geschmack) und Thearubigene (Farbe). Das dauert mehrere Stunden. Der Teemeister entscheidet, wann der Prozess abgeschlossen (Schwarztee) oder ausreichend fortgeschritten (Oolong) ist.

RÖSTEN/TROCKNEN

Früher trocknete man die Blätter in Körben oder Woks über offener Flamme, heute verwendet man Trommeltrockner. Manche Tees, wie der schwarze Lapsang Souchong oder der grüne Longjing, werden aus geschmacklichen Gründen heute noch nach traditioneller Methode geröstet. Das getrocknete Blatt enthält gerade noch rund 3 Prozent Restfeuchtigkeit.

SORTIERUNG

Die verarbeiteten Blätter werden entweder von Hand oder maschinell sortiert. Manche Maschinen nutzen Infrarotkameras, um die Blätter nach Größe zu sortieren und unerwünschte Teile, wie Stängel, zu entfernen. Ein sorgfältig nach orthodoxer Methode aufbereiteter Tee enthält weniger Bruchstücke und mehr ganze Blätter, die als hochwertiger gelten.

RUHEN

Gelber Tee ruht nach dem Rollen, dieser Schritt heißt auch »Men Huang«. Man häuft die Blätter auf und schlägt sie für einige Zeit in ein feuchtes Tuch ein. Die Mischung aus Wärme und Feuchtigkeit verleiht ihnen einen gelben Schimmer.

EINE PFLANZE, VIELE TEES

Auf der Welt gibt es Tausende verschiedene Teesorten, die jedoch alle von der gleichen Pflanze stammen. Jeder wird anders produziert und besitzt einzigartige Eigenschaften, die Geschmack und Stärke beeinflussen. Man unterscheidet sechs Hauptteearten. Ihr Aroma reicht von süß duftend bis zu schokoladig und nussig.

GRÜNER TEE

Grüner Tee ist nicht fermentiert und lässt am ehesten das ursprüngliche Blatt erkennen: eine kleine, im Frühling gepflückte Blattknospe, die große Mengen an Nährstoffen und Ölen aus den Wurzeln enthält. Grüner Tee wird wegen seiner Frische und flüchtigen Natur geschätzt (er hält sich nur 6–8 Monate). Als besonders hochwertig gelten in China die vor dem Totenfest Quingming Anfang April gepflückten Grüntees. Grüner Tee kann sehr unterschiedliche Formen haben: glatt, nadelartig, wie eine Schnecke gekrümmt, zu Kugeln gerollt oder zu Locken gedreht.

WEISSER TEE

Der vorwiegend in der chinesischen Provinz Fujian produzierte weiße Tee ist am wenigsten bearbeitet, obwohl die Herstellung 2–3 Tage dauert. Der Tee fermentiert während der langen Welkung (2 Tage) natürlich und leicht. Danach wird er bei schwacher Hitze getrocknet, sortiert und erneut erhitzt. Es gibt verschiedene Arten von weißem Tee. Manche werden aus so zarten Blättern und Spitzen gemacht, dass diese noch einen feinen Flaum besitzen, andere bestehen aus größeren Blättern und sind stärker fermentiert. Weißer Tee gilt als besonders gesund, weil er in den Blattspitzen Antioxidantien, wie Catechine und Polyphenole, enthält, die die Immunabwehr stärken.

Bai Hao Yin Zhen
Provinz Fujian, China

Bai Mu Dan
Provinz Fujian, China

Shou Mei
Provinz Fujian, China

Da Hong Pao
Provinz Fujian, China

Tie Guan Yin
Provinz Fujian, China

OOLONG-TEE

Der Oolong kommt ebenfalls aus der Provinz Fujian, vor allem aus den Wuyi-Bergen, und von Berghängen auf Taiwan. Für den teilweise fermentierten Tee durchlaufen reife Blätter einen aufwendigen Verarbeitungsprozess. Sie werden zunächst einige Stunden getrocknet, dann geschüttelt, um die Blätter zu brechen, damit bei der Fermentation die Aromastoffe gut freigesetzt werden können. Die Fermentation dauert einige Stunden, bis der Teemeister entscheidet, dass der Tee den richtigen Fermentationsgrad erreicht hat. Anschließend werden die Blätter stark erhitzt, um die Fermentation zu unterbrechen, gerollt und erneut erhitzt oder geröstet. Leicht fermentierte Blätter werden zu kleinen dunkelgrünen Pellets gerollt, stärker fermentierte Oolongs erkennt man an den langen, dunklen, gedrehten Blättern.

SCHWARZER TEE

Vollständig fermentierte Schwarztees werden in Kenia und vielen asiatischen Ländern, wie Sri Lanka, China und Indien, produziert. Der größte Teil der Produktion wird von der Teebeutelindustrie aufgekauft und häufig mit anderen Tees zu Mischungen wie Frühstücks- oder Friesentees verschnitten, die meist mit Milch und Zucker getrunken werden. Die Chinesen sprechen wegen der Aufgussfarbe von »rotem Tee«. Schwarztees sind dank der vollen Aromen, die bei der Fermentation freigesetzt werden, meist kräftig, malzig, körperreich und anregend.

PU-ERH-TEE

Der Pu-Erh-Tee ist nach der Stadt Pu'er in der chinesischen Provinz Yunnan benannt, aus der er stammt. Er enthält Mikroorganismen mit probiotischen Eigenschaften, die das Immunsystem stärken und die Verdauung fördern, weswegen er auch oft als Begleiter bei Diäten empfohlen wird. Nach der Verarbeitung werden die Blätter traditionell gedämpft, zu Ziegeln gepresst und mehrere Jahre gereift, bevor der Tee in den Handel geht. Heute gibt es Pu-Erh-Tee auch lose. Man unterscheidet zwei Arten Pu-Erh-Tee: Sheng (roh), der natürlich reifen darf, und Shu (reif), der eine beschleunigte Reifung durchläuft. Ähnliche Tees werden auch in anderen Provinzen Chinas hergestellt und im Handel als »dunkler Tee« oder Hei Cha bezeichnet. Die vergorenen, gereiften Tees, allen voran der Pu-Erh, sind bei Kennern äußerst beliebt, die sie gerne über Jahrzehnte lagern, da sich die Geschmacksnoten (die von erdig, muffig und ledrig bis zu schokoladig und holzig reichen) mit der Zeit vertiefen und entwickeln.

Dunkler Tee Liu An
Provinz Anhui, China

Gepresster Sheng Pu-Erh Tuo Cha
Provinz Yunnan, China

GELBER TEE

Gelber Tee wird nur in wenigen Regionen Chinas, wie den Provinzen Hunan und Sichuan, produziert und wegen geringer Quantitäten kaum exportiert. Wie beim Grüntee wird die beste Qualität aus im zeitigen Frühjahr geernteten Blättern hergestellt. Gelber Tee besitzt einen frischen und zarten Geschmack und bezieht seinen Namen von der leicht gelblichen Schattierung der Blätter, die von Enzymen verursacht wird.

Jun Shan Yin Zhen
Dongting-See, Provinz Hunan, China

Mo Gan Huang Ya
Provinz Zhejiang, China

Meng Ding Huang Ya
Provinz Sichuan, China

MATCHA

Der leuchtend grüne und voller Antioxidantien steckende Matcha gewinnt weltweit immer mehr Freunde. Er wird schon seit 1000 Jahren hergestellt und gilt als »Espresso unter den Grüntees«, weil er einen kräftigen Geschmack besitzt und die Lebensgeister weckt.

DER WUNDERTEE

Pulverisierten Matcha gab es schon im China der Tang-Dynastie, wo Pulvertees gebräuchlich waren. Mit buddhistischen Mönchen, die China bereisten und den Tee mit nach Hause brachten, kam Matcha nach Japan und wurde dort zu einem zentralen Bestandteil der japanischen Teezeremonie Chanoyu. Die besten speziell für Matcha vorgesehenen Tees wachsen in der japanischen Region um Uji.

Die charakteristische leuchtend grüne Farbe ist die Folge einer künstlichen Beschattung mehrere Wochen vor der Ernte, die die Chlorophyllproduktion anregt. Die Blätter werden gepflückt, gedämpft und getrocknet. Stängel und Blattrippen werden entfernt. Die »Tencha« genannten Blätter werden zwischen zwei Granitsteinen zu einem feinen Pulver zermahlen. Dabei dauert es bis zu einer Stunde, 30 g Matcha zu mahlen.

Matcha enthält mehr Koffein und mehr gesundheitsfördernde Stoffe als andere Grüntees, weil das ganze Blatt aufgenommen wird. Unter anderem enthält er zahlreiche Antioxidantien, wie EGCG, das krebshemmend wirkt, und L-Theanin, das eine beruhigende Wirkung auf den Geist hat und Gedächtnis und Konzentration fördert.

Für die Teezubereitung gibt es Matcha in zwei Qualitäten: Usucha (dünn) und Koicha (dickflüssig). Dazu kommt ein dritte, auch »Konditoren-Qualität« genannt. Usucha ist die Standard- oder Alltagsvariante. Koicha wird nur in der traditionellen Teezeremonie eingesetzt. Die Konditoren-Variante, die erheblich günstiger ist, eignet sich zur Herstellung von Plätzchen, Kuchen und Eiscreme.

GRÜNE GESUNDHEIT

Da das gesamte Blatt konsumiert wird, hat Matcha einen größeren Nährwert als andere Tees. Der regelmäßige Genuss hilft, den Körper zu entgiften, fördert den Stoffwechsel, stärkt das Immunsystem und spendet Energie.

DIE SAMURAI TRANKEN MATCHA, UM SICH AUF DIE SCHLACHT VORZUBEREITEN.

MATCHA-LATTE

Die cremig-schaumige Zubereitung ist sehr beliebt, weil die Milch (laktosehaltig oder pflanzlich) den Tee milder macht. Das Rezept zu einem Matcha-Latte mit weißer Schokolade finden Sie auf S. 157.

MATCHA-MACARONS

Mit Matcha aromatisierte Macarons sind süß mit einem Hauch Kräutergeschmack.

ZUBEREITUNG

Der cremig-schaumige Tee ist ein schneller Energiespender.

SIE BRAUCHEN:

Zutaten

½–1 TL Usucha-Matcha-Pulver

120–175 ml 75 °C heißes Wasser

1 Das Matcha-Pulver in eine Schale geben und mit etwas heißem Wasser übergießen. Mit dem Besen zu einer dickflüssigen Paste rühren.

2 Das restliche Wasser hinzugießen und mit einer »W«- oder »N«-Bewegung aufschlagen, bis der Tee glatt und schaumig ist.

MATCHA-KUCHEN

Geben Sie Matcha-Pulver in die Trockenzutaten für einen Kuchen oder eine Glasur. 2–3 EL genügen für eine leuchtend grüne Farbe, zu viel macht den Kuchen schnell unangenehm bitter.

TEEBLUMEN

Teeblumen, Teerosen oder Teeblüten, wie sie auch genannt werden, bestehen aus frischen Blüten, die mit weißen Teeblättern aufgebunden werden. Beim Aufgießen entfaltet sich die Blume attraktiv.

Teeblumen stammen aus der chinesischen Provinz Fujian, wo geschickte Frauen aus Blättern, Blüten und Garn pro Tag bis zu 400 dieser etwa 2 cm großen Gebinde herstellen.

Sie verwenden die Blattknospen des weißen Silbernadel-Tees, die zu diesem Zweck wie grüner Tee aufbereitet werden, weil die jungen Blätter biegsam und gut zu verarbeiten sind und im Aufguss attraktiv aussehen. Die Basis der Teeblumen bilden die zarten Teeblätter, die vorsichtig zusammengebunden und mit getrockneten Blüten, etwa Jasmin, Chrysantheme, Lilie oder Ringelblume, kombiniert werden.

Jedes Arrangement hat eine Bedeutung. Manche stehen für Glück, Wohlstand oder Liebe, während andere allgemeinere Themen, etwa die Frühlingsblüte, repräsentieren. Die Blüten werden fest mit Garn und Stoffband umwickelt, damit die Gebinde beim Erhitzen ihre Form behalten.

Bei einer perfekten Teeblume sind die Blätter unbeschädigt und die Blütenfarben nicht zu blass.

Am besten kommen Teeblumen in einer transparenten Aufgusskanne zur Geltung. Sie können aber auch in einem vorgewärmten hohen Glas erblühen. Legen Sie die Blume in die Kanne, erhitzen Sie Wasser auf 75–80 °C und füllen Sie die Kanne zu zwei Dritteln. Nach 1–2 Minuten wird sich die Blume öffnen und die Pracht der Blüten und Farben offenbaren.

Da der weiße Tee für die Teeblumen wie grüner Tee verarbeitet wird, kann man eine Teeblume mehrfach aufgießen.

Tipp: Legen Sie die Teeblume nach dem Teegenuss in ein Glas mit frischem kaltem Wasser und Sie können sie noch mehrere Tage lang bewundern.

EINE ERFAHRENE HANDWERKERIN KANN MEHR ALS 400 TEEBLUMEN AM TAG BINDEN.

GESUNDER TEE

Tee steckt voller Antioxidantien und Wirkstoffe, wie Polyphenole, L-Theanin und Catechine, die das Immunsystem stärken. Grüne und weiße Tees haben die stärkste gesundheitsfördernde Wirkung, weil sie aus wenig bearbeiteten jungen Blättern hergestellt werden und sehr große Mengen an wertvollen Substanzen enthalten.

Die Chinesen waren die Ersten, die Tee als Medizin einsetzten, um die Körpertemperatur zu regulieren und den Geist zu stimulieren. Als er im 17. Jh. nach Europa kam, wurde Tee als Tonikum in Apotheken verkauft. Erst im frühen 18. Jh. fing man an, ihn auch als Genussmittel zu verwenden. Seit dieser Zeit hat er sich zu einem Alltagsgetränk entwickelt, das zudem gesund ist.

Viele Untersuchungen haben sich mit den gesundheitsfördernden Eigenschaften von Tee befasst und es gibt noch immer viel zu erforschen. Alle aus *Camellia sinensis* bereiteten Tees sind gesund, aber zahlreiche Studien haben sich vor allem mit dem grünen Tee auseinandergesetzt und die meisten empfehlen, mindestens drei Tassen pro Tag zu sich zu nehmen, damit der Körper davon profitieren kann.

DIE WIRKUNG AUF DEN KÖRPER

Tee fördert die Gesundheit und das Wohlbefinden allgemein, aber es zeigt sich auch mehr und mehr, dass viele Inhaltsstoffe ganz bestimmte Bereiche des Körpers beeinflussen, indem sie vor Stress und Krankheit schützen und Knochen und Immunabwehr stärken. So wird Tee längst nicht mehr nur wegen seines Geschmacks, sondern wegen seines umfassenden Nutzens geschätzt.

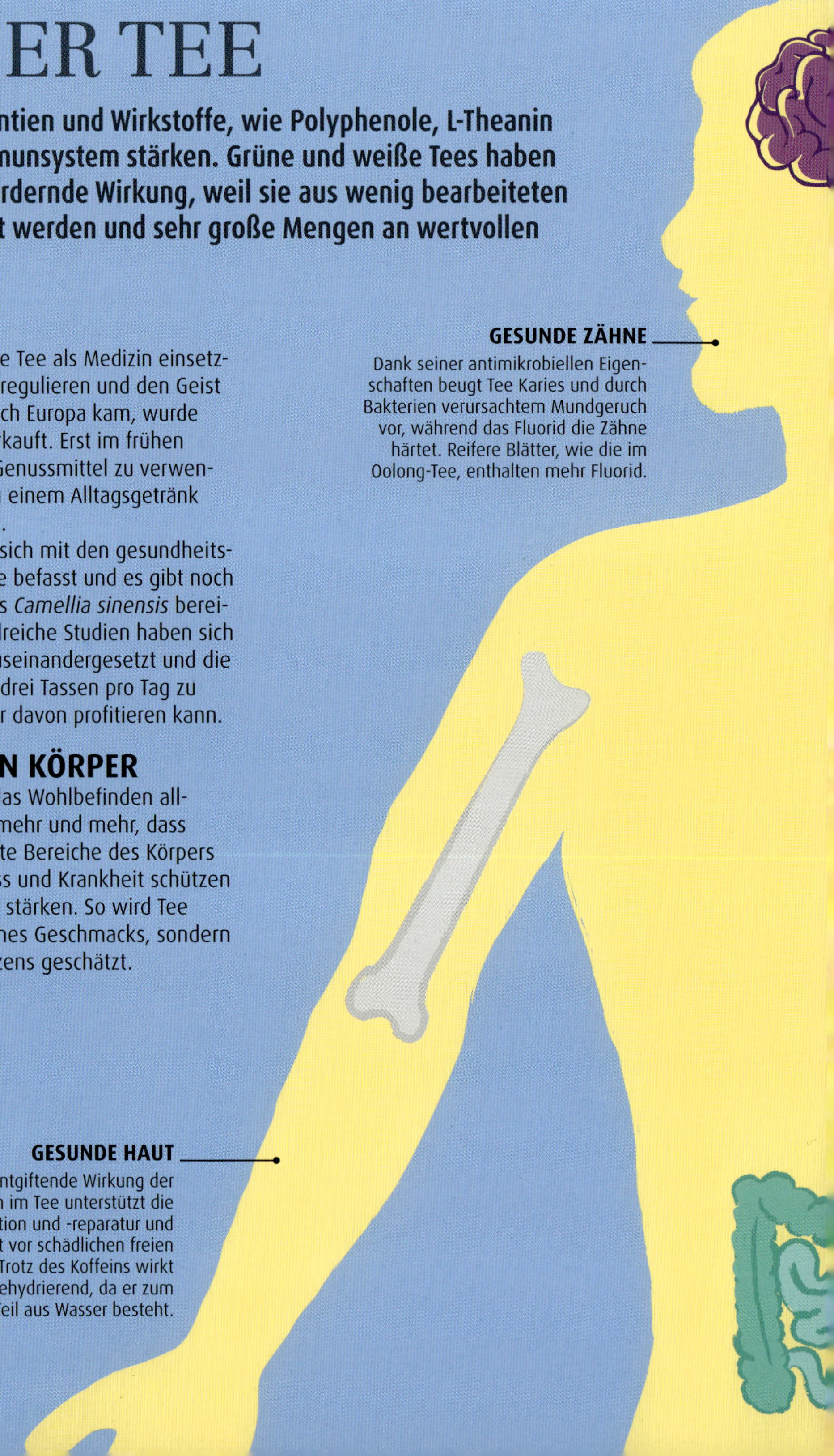

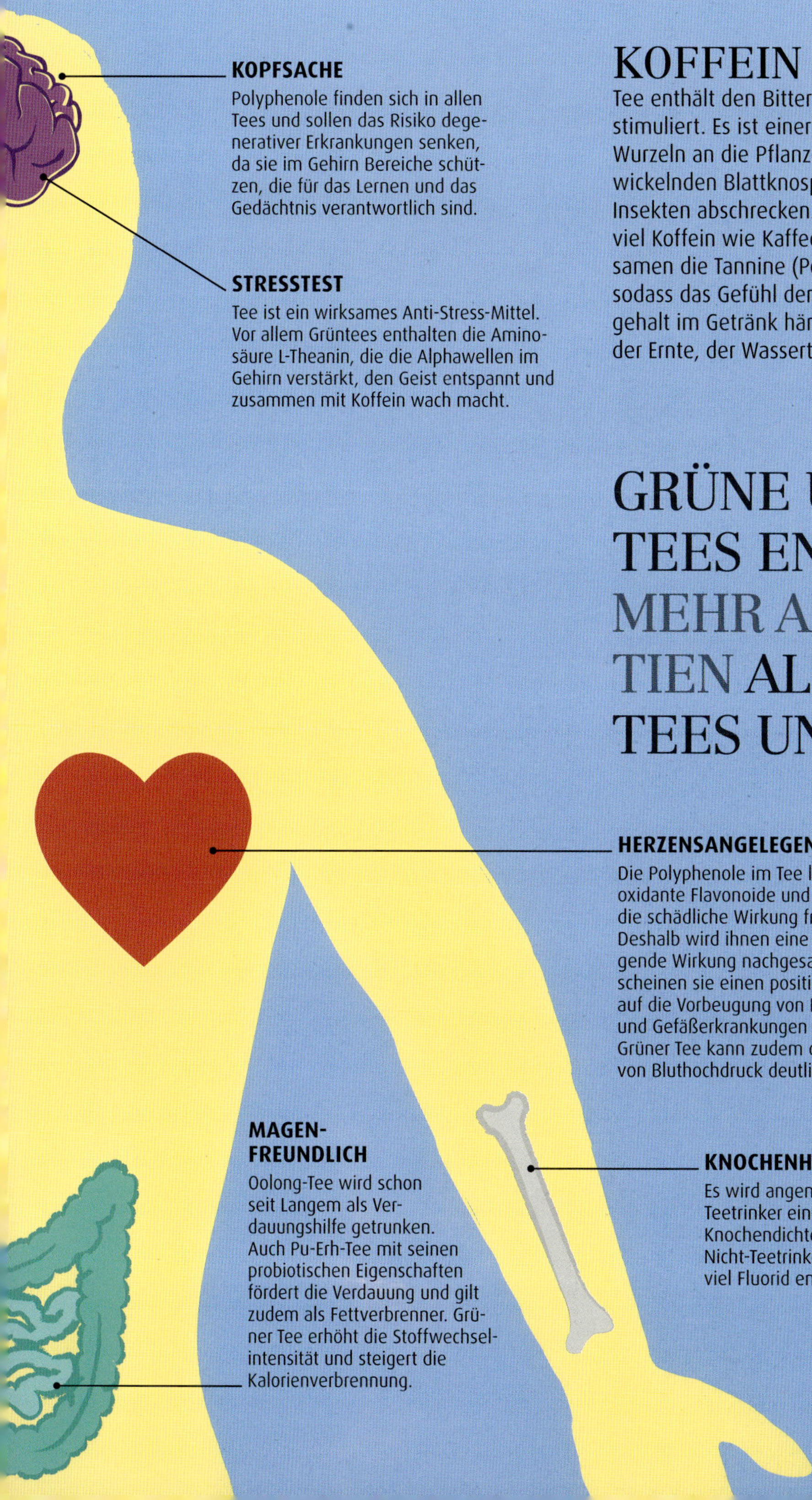

KOPFSACHE

Polyphenole finden sich in allen Tees und sollen das Risiko degenerativer Erkrankungen senken, da sie im Gehirn Bereiche schützen, die für das Lernen und das Gedächtnis verantwortlich sind.

STRESSTEST

Tee ist ein wirksames Anti-Stress-Mittel. Vor allem Grüntees enthalten die Aminosäure L-Theanin, die die Alphawellen im Gehirn verstärkt, den Geist entspannt und zusammen mit Koffein wach macht.

KOFFEIN

Tee enthält den Bitterstoff Koffein, der das Nervensystem stimuliert. Es ist einer der zahlreichen Stoffe, die von den Wurzeln an die Pflanze geliefert werden, um die sich entwickelnden Blattknospen zu schützen und zu nähren, er soll Insekten abschrecken. Trockene Teeblätter enthalten ähnlich viel Koffein wie Kaffee, allerdings regulieren und verlangsamen die Tannine (Polyphenole) im Tee seine Freisetzung, sodass das Gefühl der Wachheit länger anhält. Der Koffeingehalt im Getränk hängt von der Art des Tees, der Jahreszeit der Ernte, der Wassertemperatur und der Ziehzeit ab.

GRÜNE UND WEISSE TEES ENTHALTEN MEHR ANTIOXIDANTIEN ALS SCHWARZTEES UND OOLONGS.

HERZENSANGELEGENHEIT

Die Polyphenole im Tee liefern antioxidante Flavonoide und neutralisieren die schädliche Wirkung freier Radikale. Deshalb wird ihnen eine krebsvorbeugende Wirkung nachgesagt. Zusätzlich scheinen sie einen positiven Einfluss auf die Vorbeugung von Herz-Kreislauf- und Gefäßerkrankungen zu haben. Grüner Tee kann zudem das Risiko von Bluthochdruck deutlich senken.

MAGENFREUNDLICH

Oolong-Tee wird schon seit Langem als Verdauungshilfe getrunken. Auch Pu-Erh-Tee mit seinen probiotischen Eigenschaften fördert die Verdauung und gilt zudem als Fettverbrenner. Grüner Tee erhöht die Stoffwechselintensität und steigert die Kalorienverbrennung.

KNOCHENHART

Es wird angenommen, dass Teetrinker eine höhere Knochendichte haben als Nicht-Teetrinker, weil Tee viel Fluorid enthält.

DER PERFEKTE AUFGUSS

LOSE BLÄTTER ODER BEUTEL?

Die Diskussion um die Vor- und Nachteile des Teebeutels ist so alt wie der Teebeutel selbst. Zwar wird kaum jemand bestreiten, dass der Teebeutel eine praktische Erfindung ist, aber in Sachen Geschmack hat eindeutig der Blatt-Tee die Nase vorn.

LOSE BLÄTTER

Die Teezubereitung mit losen Teeblättern erfordert nur wenig mehr Aufwand als ein Teebeutel, liefert aber ein unvergleichlich besseres Ergebnis.

BEQUEMLICHKEIT

Spezielle Utensilien, wie ein Teesieb, machen die Zubereitung von losen Blatt-Tees einfach und schnell.

FRISCHE UND QUALITÄT

Ganze Blätter haben weniger angreifbare Oberfläche als Teebeutel-Fannings (siehe gegenüber) und bleiben deshalb bei richtiger Lagerung länger frisch.

GESCHMACK

Blatt-Tee besteht aus ganzen Blättern oder großen Blattstücken, die noch alle ätherischen Öle enthalten und einen komplexen, aromatischen Teegeschmack geben.

WERT

Loser Blatt-Tee gilt irrtümlicherweise oft als teuer. Dabei braucht man für eine Tasse nur eine geringe Menge. Außerdem kann man manche Tees, wie Oolongs, mehrfach aufgießen, was den Preis pro Tasse deutlich senkt.

UMWELTFREUNDLICHKEIT

Lose Blatt-Tees sind biologisch abbaubar und zersetzen sich in der Erde schnell, eignen sich also gut zum Kompostieren.

AUFGUSS

Lose Blätter geben ihren Geschmack langsam an das Wasser ab. Dadurch verlieren sie ihre Kraft nicht auf einmal und viele Tees können mehrfach aufgebrüht werden.

TEEBEUTEL

Die Erfindung des Teebeutels war eigentlich ein Missverständnis: 1908 schickte der New Yorker Teehändler Thomas Sullivan seinen Kunden Teeproben in kleinen Seidenbeuteln. Sie sollten den Tee aus den Beuteln in die Kanne geben, aber sie brühten ihn stattdessen direkt im Beutel auf und waren mit dem Ergebnis so zufrieden, dass sie mehr derart verpackten Tee bestellten.

Teebeutel gibt es in Rund und Eckig, aber sie lassen den Blättern nur sehr wenig Raum zur Bewegung. Der Pyramidenbeutel (links) ermöglicht eine bessere Extraktion, da das Wasser den Tee leichter umspülen kann.

Der Pyramidenbeutel lässt den Blättern mehr Bewegungsfreiheit als runde oder eckige Beutel.

FANNINGS

Kommerzielle Schwarzteebeutel sind mit Fannings gefüllt, Blattstücken, die für den losen Verkauf ungeeignet sind.

BEQUEMLICHKEIT

Der Teebeutel wird im praktischen Mehrfachpack verkauft und man braucht weder ein Teesieb noch ein Tee-Ei oder eine Kanne.

FRISCHE UND QUALITÄT

Kommerzielle Teebeutel enthalten in kleinste Stücke gebrochenen Tee der geringsten Qualitätsstufe. Das ist ein Grund, warum er so schnell zieht. Aber auch dafür, dass er so schnell trocken wird, egal, wie man ihn lagert. Die Oberfläche bietet keinen Schutz mehr vor der Luft.

GESCHMACK

Die verwendeten Tees verlieren bei der Herstellung einen Großteil ihrer ätherischen Öle und Aromen. Deshalb sind sie geschmacklich weniger komplex als lose Blatt-Tees. Außerdem geben sie beim Ziehen mehr Tannine ab und schmecken schnell bitter und adstringierend.

WERT

Eine große Packung Teebeutel ist relativ preiswert, aber der Preis pro Tasse entspricht dem für lose Blatt-Tees, vor allem, wenn man bedenkt, dass man diese im Gegensatz zum Teebeutel mehrfach aufgießen kann. Darüber hinaus halten sich Teebeutel nicht so lange.

UMWELTFREUNDLICHKEIT

Manche Teebeutel sind zwar biologisch abbaubar, aber die meisten enthalten geringe Mengen von Polypropylen, das Jahre braucht, bis es abgebaut ist. Achten Sie beim Kauf auf Beutel ohne Polypropylen.

AUFGUSS

Teebeutel sind selbst ohne Kanne leicht aufzubrühen, hindern aber die Teeblätter an der freien Bewegung, die für eine wirklich gute Tasse Tee unerlässlich ist.

TEE RICHTIG LAGERN

Loser Blatt-Tee reagiert empfindlich auf Licht, Luft und Feuchtigkeit. Die trockenen Blätter saugen jedes Aroma aus ihrer Umgebung auf wie ein Schwamm und sollten deshalb luftdicht verpackt, kühl und dunkel gelagert werden.

HALTBARKEIT

Auch wenn sich ein Teeblatt sehr trocken anfühlt, enthält es doch 3 Prozent Feuchtigkeit und ätherische Öle, die für den Geschmack wichtig sind und die bei unsachgemäßer Lagerung ganz schnell verfliegen. Grüner Tee hält sich mit 6–8 Monaten am kürzesten, während sich Oolong 1–2 Jahre hält. Schwarzer Tee kann 2 Jahre aufbewahrt werden, es sei denn, er ist aromatisiert oder mit Gewürzen oder Früchten versetzt, was die Haltbarkeit verkürzt. Hier sind ein paar Tipps, wie sich Ihr Tee zu Hause länger frisch hält.

KLEINE MENGEN

Große Mengen Tee stehen oftmals über lange Zeit im Schrank. Kaufen Sie lieber kleine Mengen oder Probierpackungen. Auf diese Weise können Sie einen neuen Tee ausprobieren, ohne Platz und Behälter für etwas opfern zu müssen, das Sie am Ende gar nicht mögen.

AKTUELLE ERNTE

Kaufen Sie nur frischen Tee. Die Ernte des laufenden Jahres hat bessere Chancen, sich einige Zeit zu halten.

KÜHL & TROCKEN

Lagern Sie Tee kühl und trocken in einem niedrigen Schrank, aber nicht im Kühlschrank. Die Blätter dürfen nicht neben Gewürzen oder Wärmequellen stehen.

GUT VERSIEGELT

Verschließen Sie Verkaufsverpackungen immer wieder möglichst luftdicht.

LUFTDICHT EINSCHLIESSEN

Nutzen Sie lichtdichte Teedosen aus Blech, Keramik oder Edelstahl. Sie sollten luftdicht schließen, damit keine Fremdgerüche an den Tee gelangen können.

SCHÖNE DOSEN

Zelebrieren Sie Ihren Tee, indem Sie ihn in einem besonderen Behälter aufbewahren. Achten Sie bei Antiquitäten darauf, dass sie bleifrei sind.

RICHTIG GELAGERT HÄLT SICH SCHWARZER TEE ZWEI JAHRE UND LÄNGER.

GROSSEINKAUF
Kaufen Sie nicht alle neuen Tees auf einmal. Sie haben sonst im Handumdrehen einen Schrank voller Tees, die Sie gar nicht alle probieren können.

KALT LAGERN
Die Teeblätter würden im Kühlschrank Feuchtigkeit aufnehmen und schimmeln.

UNGEFÜTTERTE HOLZKISTEN
Schlagen Sie Holzbehälter immer aus, es sei denn, der Tee ist selbst luftdicht verpackt. Ein locker schließender Deckel lässt Feuchtigkeit eindringen und der Tee schimmelt.

ALTER TEE
Erkundigen Sie sich vor dem Kauf immer, wie alt der Tee schon ist, und verbrauchen Sie ihn entsprechend schnell.

VIEL LICHT
Verwenden Sie keine transparenten Behälter, da Licht die Teeblätter schneller verderben lässt.

ÜBER DEM HERD
Die aufsteigende Hitze über dem Herd raubt dem Tee seinen Geschmack.

GEMEINSAME AUFBEWAHRUNG
Unterschiedliche Tees dürfen nicht zusammen in einem Behälter lagern, weil sich sonst ihre Aromen vermischen.

IM GEWÜRZREGAL
Tee, der neben Gewürzen steht, ist schnell verdorben. Die porösen Teeblätter nehmen im Schrank oder Regal Fremdaromen bereitwillig an.

VERKOSTEN WIE EIN PROFI

Professionelle Teeverkoster probieren den Tee in einem »Cupping« genannten Vorgang, bei dem sie seine Eigenschaften erkunden. Indem Sie Ihren Geruchs- und Geschmackssinn schulen, können auch Sie die komplexen Noten verschiedener Tees identifizieren.

PROFESSIONELLE TEETESTER

Professionelle Verkoster sind Meister ihres Fachs. Sie probieren jeden Tag Hunderte von Tees und wissen dank langjähriger Erfahrung und geschulter Sinne, worauf sie achten müssen und welche Tees sie getrost aussortieren können. Das Erkennen und Bewerten der Eigenschaften eines Tees nennt man »Cupping«. Dabei geht man immer gleich vor: 1 TL Blätter 5 Minuten in 125 ml kochendem Wasser ziehen lassen, egal, um welchen Tee es sich handelt. Für Uneingeweihte schmeckt das Resultat oft unangenehm bitter, aber der Verkoster kann auf diese Weise die Blätter auswählen, die am besten zum Profil einer Mischung, eines »Blends«, passen, und neue Blends für jede Ernte zusammenstellen. Sein Ziel ist es, aus einer uneinheitlichen Tee-Ernte eine harmonisch schmeckende Mischung zu machen.

VERKOSTUNGSGESCHIRR

Ein professionelles Verkostungsset besteht aus einer Schale und einem Henkelbecher mit Deckel und einem gezähnten Ausgießer, der die Teeblätter zurückzuhalten soll. Die trockenen Blätter werden im Becher aufgegossen und ziehen 5 Minuten. Dann legt man den Becher gekippt in die Schale, damit der Tee ablaufen kann. Die nassen Blätter kippt man auf den umgedrehten Deckel, der anschließend auf dem Becher abgelegt wird.

BEIM CUPPING SIND ALLE FÜNF SINNE IM EINSATZ.

VERKOSTUNG ZU HAUSE

Professionelle Verkoster arbeiten nicht zum Vergnügen, aber Sie können viel Spaß damit haben, die geschmacklichen Eigenschaften Ihrer Tees kennenzulernen. Mit etwas Neugier entdecken Sie so vielleicht ganz neue Teesorten für sich.

SIE BRAUCHEN:

- 1 TL Teeblätter pro Person, z. B. Grüntee, Oolong, Schwarztee oder eine Reihe von 3 unterschiedlichen Teesorten, z. B. Darjeelings
- Teekanne oder Teetasse mit Deckel (evtl. Untertasse)
- Mandeln oder Kürbiskerne, um den Gaumen zwischendurch zu neutralisieren

1 Begutachten Sie Farbe, Form, Größe und Duft des trockenen Blatts. Geben Sie 1 TL Blätter pro Person in die Kanne. Gießen Sie den Tee mit 175 ml heißem Wasser pro Person auf und legen Sie den Deckel auf. Die richtigen Temperaturen und Zeiten für die verschiedenen Tees finden Sie auf S. 42–47.

2 Nehmen Sie den Deckel ab und lauschen Sie auf das leise Knacken der sich entfaltenden Blätter.

3 Sobald das Wasser auf die Blätter trifft, sollte Geruch aufsteigen. Nehmen Sie den Deckel ab und riechen Sie daran, sobald der Tee fertig gezogen hat. Die ätherischen Öle des Tees haben hier bereits ihre Spuren hinterlassen.

4 Gießen Sie den Tee in Tassen ab. Betrachten Sie die nassen Blätter und nehmen Sie ihr Aroma auf.

5 Riechen Sie am Tee in der Tasse, nehmen Sie dann einen kleinen Schluck und lassen Sie ihn die Zunge umspielen. Achten Sie auf das Gefühl, das der Tee im Mund hinterlässt. Das Aromarad auf S. 50/51 hilft Ihnen dabei, den Tee zu beschreiben.

Tragen Sie beim Verkosten kein Parfüm, das würde die Wahrnehmung der einzelnen Aromen verfälschen.

DIE PERFEKTE ZUBEREITUNG

Jeder Tee hat seinen eigenen Charakter, der sich in Geschmack, Farbe und Aroma ausdrückt. Die folgenden Informationen versetzen Sie in die Lage, das Beste aus einem Tee herauszuholen, aber selbstverständlich sollten Sie Ihre Vorgehensweise Ihren persönlichen Vorlieben anpassen.

GRÜNER TEE

Im Idealfall besitzt Grüntee eine Frische, die an Wildwiesen oder Seeluft erinnert. Die Blätter sollten weniger als ein Jahr alt sein. Achten Sie auch auf die Wassertemperatur: Zu heißes Wasser zerstört die Aminosäuren, die dem Tee Süße geben, bei zu kaltem Wasser entfaltet sich der Geschmack nicht voll.

Bei grünem Tee kommt es sehr auf die Ziehzeit an. Zu lange gezogener Tee schmeckt adstringierend und bitter. Beginnen Sie mit einer kurzen Ziehzeit und erhöhen Sie diese in 30-Sekunden-Schritten, bis Ihnen der Geschmack zusagt.

ZUBEREITUNGSVORSCHLAG

Gezeigter Tee: Bi Luo Chun (Jadeschnecke des Frühlings) vom Berg Dongting, Jiangsu-Provinz, China

Menge: 1 EL auf 175 ml Wasser

Wassertemperatur: 75 °C für chinesische Tees, 65 °C für japanische Tees. Nach Möglichkeit Quellwasser verwenden.

Aufguss: Mit kurzer Ziehzeit beginnen und bei jedem weiteren Aufguss schrittweise um je 30 Sekunden verlängern. Kann 3–4-mal aufgegossen werden.

TROCKENES BLATT
Grünteeblätter können hell- oder dunkelgrün sein. Sie unterscheiden sich stark in Form, Größe und Aussehen. Dieser Tee wirkt z. B. etwas staubig.

NASSE BLÄTTER
Beim Ziehen entfalten sich die Knospen und Blätter.

AUFGUSS
Der fertig gezogene Tee ist blassgrün mit einer leicht gelblichen Tönung. Er schmeckt frisch und strahlend mit sanften fruchtigen Untertönen.

WEISSER TEE

Weißer Tee gilt als der nuancierteste und subtilste und enthält eine Reihe gesundheitsfördernder Stoffe, wie Polyphenole. Er wird gepflückt, sobald die ersten Knospen erscheinen, und wird wegen seines feinen Geschmacks und seiner Exklusivität in China besonders geschätzt. Für Freunde kräftiger schwarzer Tees können die feinen Geschmacksschichten schwierig zu identifizieren sein.

Es gibt nur eine Handvoll Sorten von weißem Tee. Bai Hao Yin Zhen (Silbernadel) gilt als der edelste, mit diversen Unterteilungen, und ist damit auch der teuerste. Bai Mu Dan (Weiße Pfingstrose) ist etwas preiswerter und enthält silberflaumige Knospen und größere Blätter.

TROCKENES BLATT
Weißer Tee enthält silberne Knospen und größere, dunkelgrüne oder braune Blätter.

ZUBEREITUNGSVORSCHLAG

Gezeigter Tee: Bai Mu Dan (Weiße Pfingstrose) aus Fuding, Fujian-Provinz, China

Menge: 2 EL auf 175 ml Wasser

Wassertemperatur: 85 °C. Nach Möglichkeit Quellwasser verwenden.

Aufguss: Mit 2 Minuten beginnen und bei jedem weiteren Aufguss schrittweise um je 30 Sekunden verlängern. Kann 2–3-mal aufgegossen werden.

NASSE BLÄTTER
Die Infusion zeigt flaumige Knospen, große, grüne Blätter in verschiedenen Schattierungen und Zweige.

AUFGUSS
Hellgolden in der Farbe, süßes Aroma mit Noten von Kiefernnadeln, Mais und gebranntem Zucker.

OOLONG-TEE

Es gibt eine große Vielfalt von Oolongs mit ganz unterschiedlichen Fermentierungsgraden, Aromen und Noten. Ein grüner Oolong, wie der Ali Shan aus Taiwan, kann zu 35 Prozent fermentiert sein und blumig duften, während ein Wuyi Rock zu 80 Prozent fermentiert ist und dichte Röst- und Erdnoten besitzt.

Oolongs sind schwer herzustellen und ihre Qualität hängt stark vom Können des Herstellers ab. Die halb fermentierten Tees werden zwar ziemlich rau behandelt, sind aber auch robust genug und können mehrfach aufgebrüht werden. Dabei geben sie jedes Mal neue Geschmacksnoten preis.

ZUBEREITUNGSVORSCHLAG

Gezeigter Tee: Ali Shan Oolong vom Berg Ali, Nantou, Taiwan

Menge: 2 TL auf 175 ml Wasser

Wassertemperatur: 85 °C für leicht fermentierten Tee, 95 °C für stark fermentierten Oolong

Aufguss: Das Gefäß vorwärmen. Die Blätter mit heißem Wasser überspülen, dann 2–3 Minuten ziehen lassen. Bei jedem weiteren Aufguss die Zeit um 1 Minute verlängern. Kann bis zu 10-mal aufgegossen werden.

TROCKENES BLATT

Die mittel bis dunkel jadegrünen Blätter des leicht fermentierten Tees werden zu festen Kugeln gerollt, gelegentlich auch mit den Stielen.

NASSE BLÄTTER

Mit jedem Aufguss entfalten sich die großen, dicken, glänzenden Blätter mit einem rotem Rand (eine Folge der Fermentation) mehr.

AUFGUSS

Der leuchtend gelbe Aufguss ist süß und duftend und besitzt leichte blumige und Zitrusnoten. Jeder weitere Aufguss erschließt neue Geschmacksnoten.

TROCKENES BLATT
Manche Darjeeling-Blätter sind leicht grünlich. Sie können ganz oder gebrochen sein.

AUFGUSS
Dieser goldene Darjeeling schmeckt nach Apfel und Gewürzen und erinnert in der Nase an Muskatellertrauben.

NASSE BLÄTTER
Die aufgegossenen Darjeeling-Blätter sind braun und grün, während die nassen Blätter anderer Schwarztees mahagonifarben, nussbraun oder sogar goldgelb sein können.

SCHWARZTEE

In der westlichen Welt wird überwiegend schwarzer Tee getrunken. Die meisten von uns lernen ihn als Beuteltee oder in populären Mischungen kennen, z. B. als Ostfriesenmischung. Viele sind überrascht, was für eine breite Vielfalt an schwarzen Tees mit sehr unterschiedlichen Geschmacksprofilen es gibt.

Schwarzer Tee ist vollständig fermentiert, wodurch sich die Polyphenole in Thearubigene (Farbe) und Theaflavine (Geschmack) umgewandelt haben. Kräftige Sorten, wie Assam, trinkt man am besten mit Milch und/oder Zucker, zartere, wie Darjeeling First Flush, probiert man besser erst einmal pur.

Der meiste hochwertige Schwarztee stammt traditionell aus Indien und Sri Lanka, aber auch die Chinesen lernen ihn immer mehr schätzen und sind dabei, die Produktion zu steigern.

ZUBEREITUNGSVORSCHLAG

Gezeigter Tee: Darjeeling First Flush aus Darjeeling, Indien

Menge: 2 TL auf 175 ml Wasser

Wassertemperatur: 100 °C

Aufguss: 2 Minuten. Manche ganzblättrigen Tees, wie Darjeeling oder chinesische Schwarztees, können ein zweites Mal aufgegossen werden, sollten dann aber 1–2 Minuten länger ziehen.

PU-ERH-TEE

Pu-Erh- oder dunkler Tee enthält als einziger Tee probiotische Mikroben. Er kann mehrere Jahre lang reifen und wird dabei immer wertvoller.

Am häufigsten findet man Pu-Erh zu Ziegeln gepresst, aber es gibt ihn auch lose und manchmal auch in Bambusrohren gereift. Die Stückchen vorsichtig vom Ziegel lösen, um so wenig Blätter wie möglich zu beschädigen, damit der Tee nicht bitter wird. Achten Sie auf das Herstellungsdatum auf der Verpackung. Pu-Erh entwickelt sich immer weiter und man kann ihn Jahr für Jahr verkosten, um seine geschmackliche Entwicklung mitzuerleben.

ZUBEREITUNGSVORSCHLAG

Gezeigter Tee: Shu (reifer) Pu-Erh-Tee, 2010, aus dem Kreis Yongde, Yunnan-Provinz, China

Menge: 1 TL auf 175 ml Wasser

Wassertemperatur: 95 °C

Aufguss: Zunächst mit heißem Wasser überspülen, um die Blätter voneinander zu lösen, dann 2 Minuten ziehen lassen. Jeden weiteren Aufguss 1 Minute länger ziehen lassen. Kann 3–4-mal aufgegossen werden.

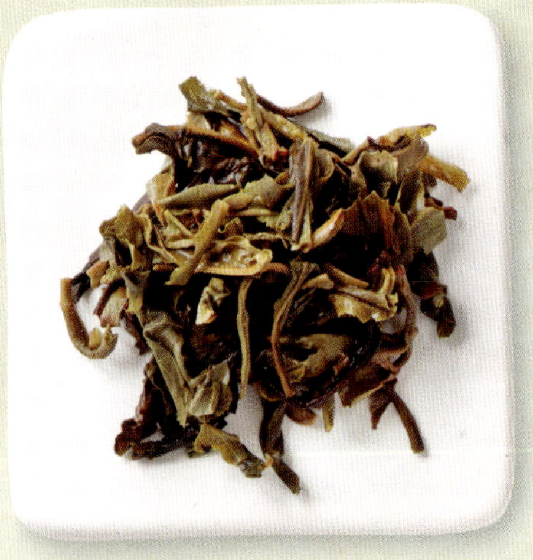

NASSE BLÄTTER

Die aufgegossenen Blätter variieren farblich von Grün über Braun bis zu Schwarz.

AUFGUSS

Der leicht trübe, dunkelbraune oder dunkelviolette Aufguss schmeckt nach Leder und dunklen getrockneten Kirschen.

TROCKENES BLATT

Pu-Erh-Ziegel bestehen aus langen, mittel- bis dunkelbraunen und manchmal sogar grünen Blättern.

TROCKENES BLATT
Gelber Tee zeichnet sich durch kleine hellgrüne Knospen mit goldgelben Tönen dazwischen und feinen weißen Flaum aus.

AUFGUSS
Der gelbe Aufguss hat anfangs einen pflanzlichen Geschmack und einen süßen Nachklang.

NASSE BLÄTTER
Die aufgegossenen Blätter gleichen Mini-Zuckerschoten mit gelben Streifen.

GELBER TEE

Der seltene, aber erlesene gelbe Tee wird aus den jüngsten Blattknospen gewonnen. Er wird nur in China angebaut und es gibt nur wenige Sorten, wie Meng Ding Huang Ya (Gelbe Sprosse vom Berg Mengding) aus der Sichuan-Provinz und Jun Shan Yin Zhen (Silbernadeln vom Berg Jun) aus der Hunan-Provinz. Gelber Tee ist reich an Aminosäuren, Polyphenolen, Polysacchariden und Vitaminen, die gut für Milz und Magen sind, die Verdauung anregen und die Gewichtsreduktion unterstützen.

ZUBEREITUNGSVORSCHLAG

Gezeigter Tee: Jun Shan Yin Zhen aus der Hunan-Provinz, China

Menge: 1½ TL auf 175 ml Wasser

Wassertemperatur: 80 °C. Nach Möglichkeit Quellwasser verwenden.

Aufguss: 1–2 Minuten ziehen lassen. Jeden weiteren Aufguss 1 Minute länger ziehen lassen. Kann 2–3-mal aufgegossen werden.

MIT ALLEN SINNEN

Zur Identifizierung der Geschmacksnoten eines Tees verarbeitet das Gehirn Informationen, die von den Geschmacksknospen auf der Zunge und den Riechzellen in der Nase kommen, sowie die Tast- und Wärmeeindrücke beim Trinken.

Tee enthält Hunderte verschiedener Geschmacksstoffe, aber die meisten von uns können nur ein paar davon unterscheiden. Mit etwas Konzentration und Erfahrung kann man das Gehirn schulen, sie zu erkennen. Einige der wichtigsten Geschmackszusammensetzungen sehen Sie im Aromarad auf S. 50/51.

SINNE

Wenn wir Geschmacksnoten analysieren wollen, müssen wir zuerst verstehen, wie unsere Sinne zusammenarbeiten. Illustration und Texte rechts erläutern, wie Textur und Geschmack zusammenwirken und uns Adstringenz im Tee spüren lassen. Auch Geschmack und Geruch arbeiten nicht getrennt, sondern treffen im olfaktorischen System zusammen, um uns das Aroma eines Tees schmecken zu lassen.

AROMA

Aroma ist eine Kombination aus Geruch und Geschmack. Beides nehmen wir beim Essen und Trinken wahr. 75 Prozent unseres Geschmackseindrucks bestimmt der Geruch. Beim Teetrinken gelangen flüchtige ätherische Öle in die Nase und sorgen für Geruchsreize, die wir erst voll erfassen, wenn Geruchs- und Geschmackssinn zusammenarbeiten.

GERUCH

Noch vor dem ersten Schluck nimmt man den Geruch des Tees wahr. Solange er heiß ist, schweben Duftschwaden dicht über der Oberfläche. Wenn Sie daran riechen, tritt Ihr olfaktorischer Apparat in Aktion. Atmen Sie tief ein und durch die Nase wieder aus. Die Duftstoffe halten sich in der Nase und bereiten Ihre Sinne auf den Geschmack im Mund vor.

TEMPERATUR

Die Temperatur des Tees spielt bei der sinnlichen Wahrnehmung eine wichtige Rolle. Ist er heiß, verfliegen die Aromen schneller. Beim Abkühlen gehen bestimmte Nuancen verloren. Für die Zunge schmeckt ein heißes Getränk stärker adstringierend als ein kühles, weshalb man geschmacklich zartere Tees, wie weißen Tee, am besten ein wenig abkühlen lässt, bevor man sich an die Verkostung macht.

GESCHMACK

Die Geschmacksknospen auf der Zunge sind mit Rezeptoren besetzt, die Impulse ans Gehirn senden. Beim Trinken wird Speichel gebildet, der die Geschmacksstoffe verändert. Damit der Tee möglichst ungefiltert an die Zunge gelangt, sollte man ihn schnell schlürfen.

ADSTRINGENZ

Geschmack und Textur sorgen gemeinsam für den wichtigen Eindruck der Adstringenz – ein zusammenziehendes, leicht pelziges Gefühl im Mund, das durch die chemische Reaktion zwischen Tee und Speichel ausgelöst wird. Der Eindruck ist je nach Gehalt an Polyphenolen (Tanninen) unterschiedlich stark. Teekenner legen Wert auf ein gewisses Maß an Adstringenz, sie darf aber nicht zu stark sein.

TEXTUR

Sie spüren die Textur eines Tees, sobald er mit den Zähnen und der Mundschleimhaut in Berührung kommt. Man spricht dabei auch vom »Mundgefühl«. Die Textur wird durch Adstringenz, Körper und Weichheit des Tees bestimmt. Tees mit geringer Adstringenz haben oft ein weiches Mundgefühl, während Tee mit hoher Adstringenz eher für ein pelziges Mundgefühl sorgt.

DIE ZUNGE

Ausgestattet mit 10 000 Geschmacksknospen, die jeweils 50–100 Sinneszellen enthalten, ist die Zunge in der Lage, fünf Grundgeschmacksrichtungen zu erkennen: süß, salzig, sauer, bitter und umami (ein japanisches Wort für »angenehm herzhaft«).

Auf der Zunge gibt es Geschmackszonen (siehe Illustration), in denen man hauptsächlich eine Geschmacksrichtung schmeckt: süß (Spitze), salzig (Rand, links und rechts vorne), sauer (Rand, links und rechts hinten) und bitter (Zungengrund, hinten). Die früher als sensorisch ohne Funktion geltende Fläche in der Mitte schmeckt umami. Beim Verkosten von Tee ist es wichtig, dass er alle Bereiche der Zunge umspült, damit Sie seine ganze geschmackliche Bandbreite bewerten können.

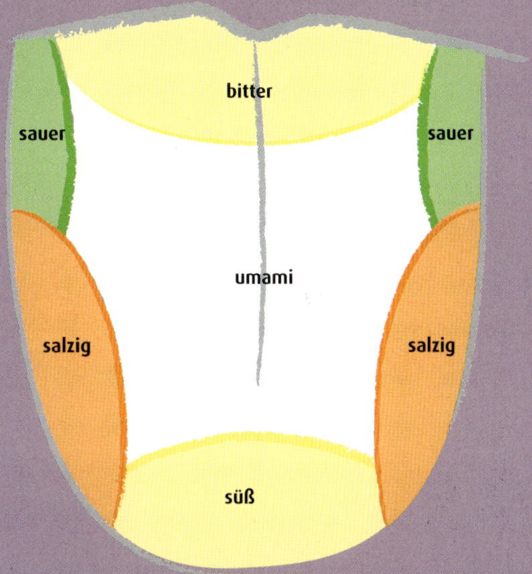

SCHLÜRFEN SIE DEN TEE ZÜGIG, DAMIT ER ALLE GESCHMACKS-REZEPTOREN AUF DER ZUNGE UMSPÜLT.

GESCHMACKS-BEWERTUNG

Es nicht ganz einfach, beim Trinken verschiedene Aromen zu unterscheiden. Das Aromarad mit den verschiedenen Aromen und Geschmacksnoten, die man im Tee finden kann, ist eine praktische Hilfe zum Erkennen und Beschreiben auch feiner Nuancen.

Wenn wir lernen, die Information der Geschmacks- und Geruchsrezeptoren in Mund und Nase zu verstehen, eröffnet sich uns die Welt der Geschmacksprofile. Das Aromarad teilt sie in zwölf Gruppen, die sich zur genaueren Beschreibung der Geschmacksnoten des Tees und seiner Charakteristika weiter unterteilen lassen.

Nehmen Sie das Rad zur Hand, nachdem Sie an dem Tee gerochen und einen kleinen Schluck genommen (geschlürft) haben. Suchen Sie im inneren Ring nach einer Beschreibung für den ersten Eindruck. Beispielsweise lässt der Grüntee Bi Luo Chun (Jadeschnecke des Frühlings) sofort pflanzliche, süße und nussige Aromen erkennen.

Schlürfen Sie ein zweites Mal und riechen Sie an den nassen Teeblättern. Gehen Sie durch die Kategorien im äußeren Ring. Vielleicht haben Sie im pflanzlichen Aroma eine süße Maisnote entdeckt und bei den Nusstönen den typischen Geschmack der Marone?

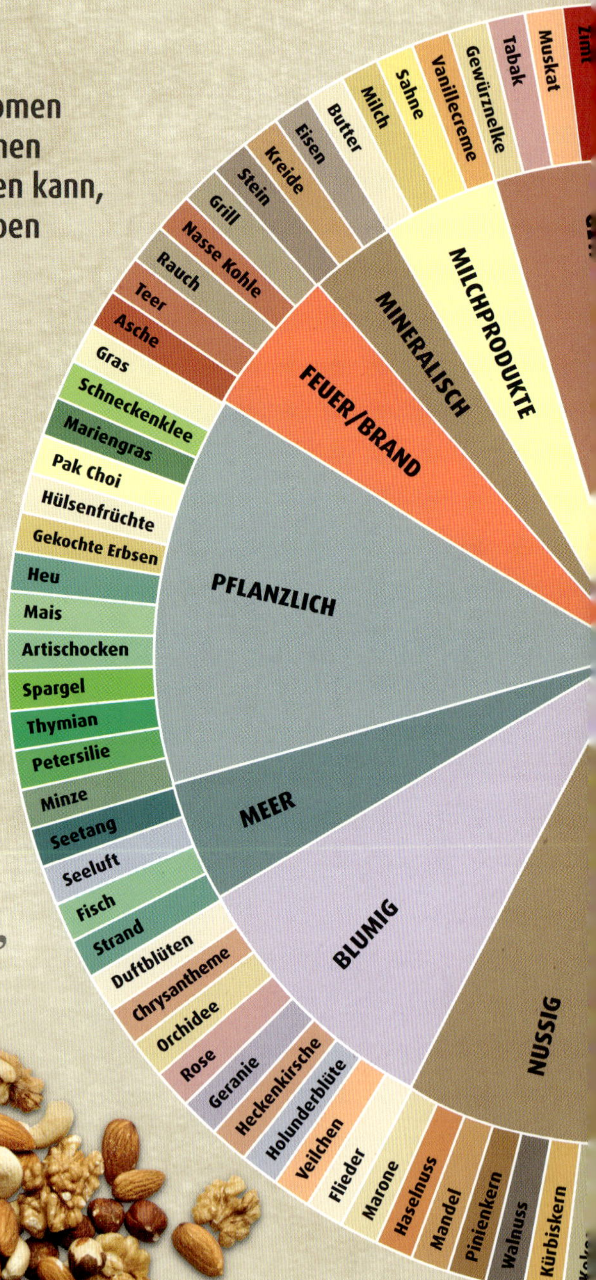

JE MEHR SIE VERKOSTEN, DESTO EINFACHER WERDEN SIE AROMEN ERKENNEN.

NÜSSE
Süße und Röstaromen in Tees lassen sich gut anhand von Nüssen definieren. Außerdem lässt sich die Adstringenz der Tee-Tannine gut mit ihnen beschreiben.

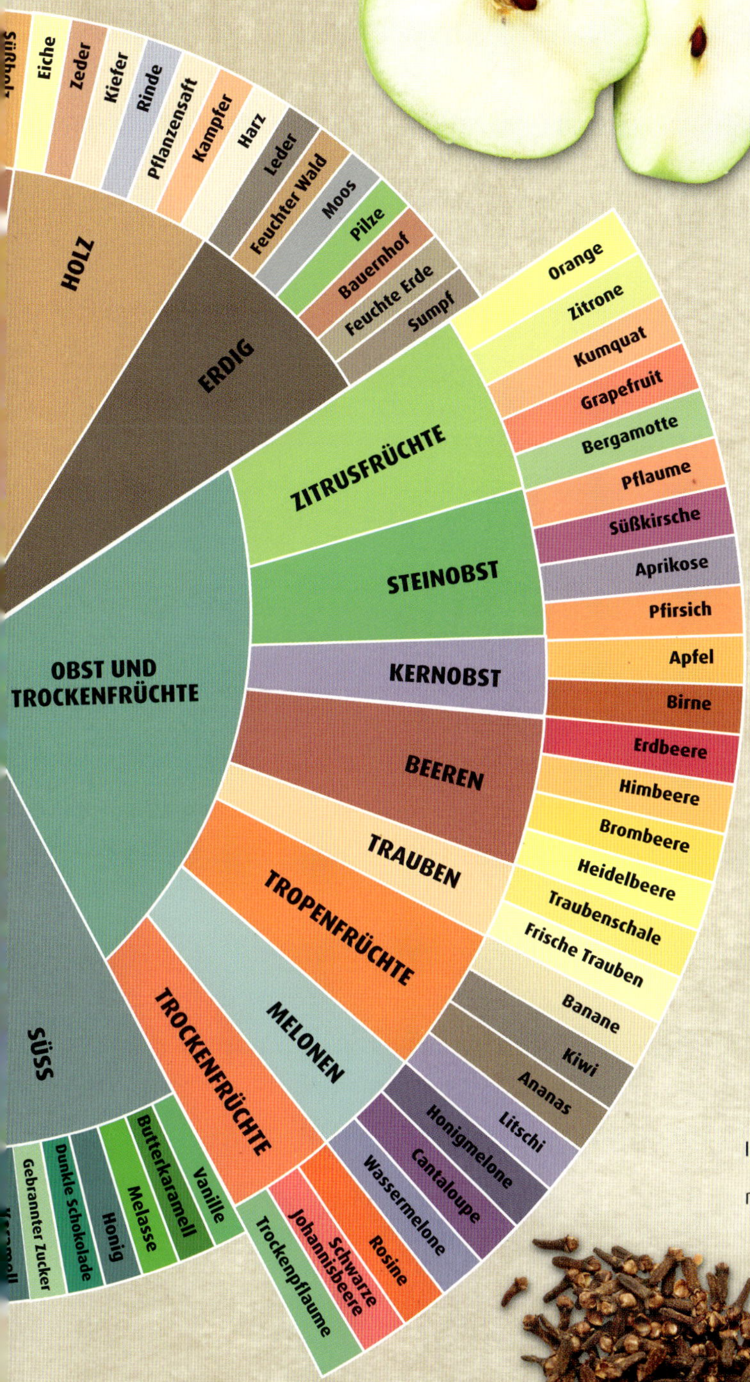

APFEL

Apfelaroma ist charakteristisch für herbstliche Darjeelings. Zudem ist es ein Anzeichen für den Produzenten, dass der Darjeeling ausreichend fermentiert ist.

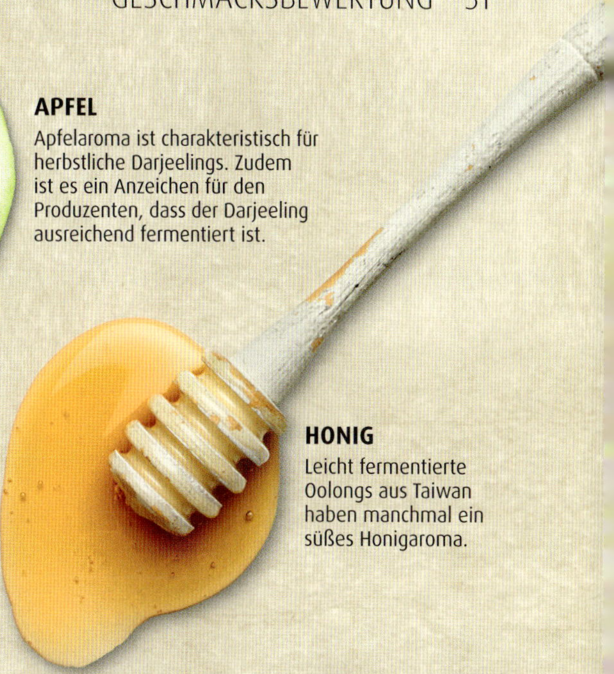

HONIG

Leicht fermentierte Oolongs aus Taiwan haben manchmal ein süßes Honigaroma.

SCHOKOLADE

Einige reife Pu-Erh-Tees zeichnen sich durch ein deutliches Aroma von dunkler oder Rohschokolade aus.

ROSEN

In dunkel gerösteten Oolongs entdeckt man teils den zarten Duft von Rosen.

GEWÜRZNELKE

In einigen Darjeelings und in manchen reifen Pu-Erhs kann eine zarte Gewürznelkennote vorhanden sein.

WASSER

Ein chinesisches Sprichwort sagt, dass das Wasser die »Mutter des Tees« ist. Da ist was dran, zumal Tee zu 99 Prozent aus Wasser besteht. Die Wasserqualität hat einen entscheidenden Einfluss auf den Geschmack. Es sollte sauber und geruchlos sein, außerdem muss es die richtige Temperatur haben.

Niederschläge, Umweltverschmutzung und die Quelle, aus der es entnommen wird, bestimmen die Qualität des Wassers. Diese Faktoren beeinflussen den Mineraliengehalt, den Geruch und den pH-Wert, der auf einer Skala von 0–14 angibt, ob das Wasser sauer (pH 0) oder alkalisch (pH 14) ist.

In der Regel hat reines Wasser einen neutralen pH-Wert von 7, aber es kommt vor, dass Leitungswasser etwas zu sauer oder zu alkalisch für die Teezubereitung ist. Außerdem enthält es gelegentlich gelöste Gase, die Geruch abgeben, oder Mineralien, die die zarten Geschmacksnoten des Tees übertönen. Wenn Sie keinen Wasserfilter in Ihrer Hausanlage eingebaut haben, können Sie sich mit folgenden Alternativen behelfen.

Abgefülltes Quellwasser Nicht zu verwechseln mit Mineralwasser, das wegen seines Mineraliengehalts ungeeignet ist. Suchen Sie nach Quellwasser mit einem Mineralsalzgehalt von 50–100 ppm. Höhere Mengen verleihen dem Tee einen stark mineralischen Geschmack.

Gefiltertes Leitungswasser Wasserfilterkannen filtern unerwünschte Gerüche und Mineralien aus dem Wasser. Wechseln Sie den Filter nach Anleitung regelmäßig aus.

Destilliertes Wasser, gemischt mit Leitungswasser Destilliertes Wasser schmeckt schal und unappetitlich, aber man kann es mit Leitungswasser mischen und für Tee verwenden. Experimentieren Sie mit dem Mischungsverhältnis, bis Sie mit dem Geschmack zufrieden sind.

WASSER-TEMPERATUREN

Der Siedepunkt hängt von der Höhenlage ab. Über 1300 m über dem Meeresspiegel kocht Wasser bereits bei unter 100 °C. Um das auszugleichen, geben Sie einen halben Teelöffel Teeblätter zusätzlich ins Sieb und lassen den Tee einige Minuten länger ziehen.

HEISS GENUG
Zu heißes Wasser macht den Tee bitter und tötet die Aromen, bei zu kaltem Wasser gibt der Tee nicht genug Inhaltsstoffe ab.

DIE RICHTIGE TEMPERATUR

Die richtige Temperatur ist der Schlüssel zu einem guten Tee. Ein frischer, zarter Grüntee wird von kochend heißem Wasser verbrüht, halb fermentierte Tees, wie Oolongs, brauchen heißeres, aber nicht kochendes Wasser und vollständig fermentierte Schwarztees entfalten ihren Geschmack erst mit kochendem Wasser. Unabhängig von der Temperatur sollte das Wasser frisch sein.

Wenn Sie keinen Wasserkocher mit Temperaturwahl haben, kochen Sie das Wasser auf und lassen Sie es bei offenem Deckel 5 Minuten für grüne, weiße und gelbe Tees, 3 Minuten für Oolong und 2 Minuten für Pu-Erh und andere dunkle Tees abkühlen.

DAS PERFEKTE TEEWASSER HAT EINEN NEUTRALEN PH-WERT VON 7 UND ENTHÄLT WENIGE GELÖSTE MINERALIEN UND KEIN CHLOR ODER ANDERE GELÖSTE GASE.

EQUIPMENT

Der Handel bietet eine große Auswahl an Gerätschaften, die das perfekte Tee-Erlebnis garantieren sollen. Hier sind einige nützliche Utensilien, die das Aufbrühen von losem Blatt-Tee einfacher und praktisch machen.

PORZELLANKANNE MIT TEESIEB

Die klassische Teekanne gibt es in verschiedenen Größen, wobei 750 ml für drei Tassen ideal sind. Indem man das heiße Wasser aus etwa 25 cm Höhe in die Kanne gießt, setzt man den Tee ein wenig »unter Druck« und beschleunigt die Extraktion. Nehmen Sie das Sieb nach der Ziehzeit aus der Kanne, damit der Tee nicht bitter wird.

GLASKANNE MIT TÜLLENSIEB

Eine Glaskanne bietet die gleichen Vorzüge wie eine Porzellankanne. Zusätzlich können Sie den Blättern zusehen, wie sie durch den Tee treiben und ihre Farbe abgeben. Das spiralförmige Tüllensieb verhindert, dass die Blätter beim Einschenken in die Tasse gelangen.

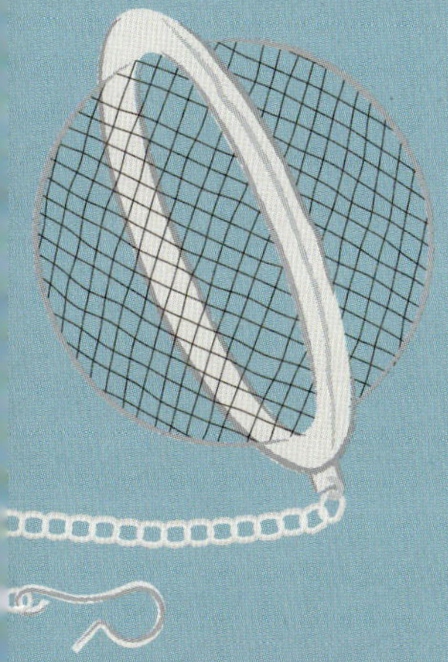

TEE-EI

Tee-Eier gibt es in der klassischen Kugelform oder in vielen anderen Formen. Die meisten werden im Henkel der Tasse oder Kanne eingehakt. Sie erfüllen ihren Zweck, schränken aber manchmal die Bewegung der Teeblätter ein. Wählen Sie ein ausreichend großes Ei und überfüllen Sie es nicht.

BECHER MIT SIEBEINSATZ AUS EDELSTAHL

Dieser Teebereiter ist leicht zu reinigen und eignet sich zum problemlosen Aufbrühen kleiner Mengen. Das Sieb lässt den Blättern genügend Bewegungsfreiheit. Der geschlossene Deckel bewahrt die Aromen über einen längeren Zeitraum.

WASSERKOCHER MIT TEMPERATURWAHL

Wasserkocher dieser Art verfügen über Schalter, mit denen man entweder direkt eine Teeart oder eine Temperatur auswählen kann (zur richtigen Temperatur für die verschiedenen Teerarten siehe S. 42–47). Es gibt Modelle, in denen man den Tee direkt aufbrühen kann.

GAIWAN

Der in China beliebte Gaiwan (auch Gaibei) besteht aus einer Schale mit Deckel und Untertasse. Er fasst rund 175 ml Tee, das entspricht der Größe einer klassischen chinesischen Teetasse. Der Tee zieht in der Schale. Dabei braucht er durch Form und Größe des Gaiwan etwas weniger Zeit als üblich: Unter dem gewölbten Deckel zirkuliert die Luft und die sich nach oben verbreiternde Schale lässt den Blättern viel Raum zur Entfaltung ihres Geschmacks. Zum Trinken gießt man den Tee bei leicht geöffnetem Deckel in eine Tasse, während die Blätter für den nächsten Aufguss in der Schale bleiben. Manche Chinesen trinken den Tee auch direkt aus dem Gaiwan.

DOPPELWAND-GLAS

Die mundgeblasenen Tassen halten das Getränk dank der isolierenden Luftschicht zwischen den Wänden lange warm. Aber Vorsicht: Auch wenn sich das Glas von außen kühl anfühlt, kann der Tee kochend heiß sein.

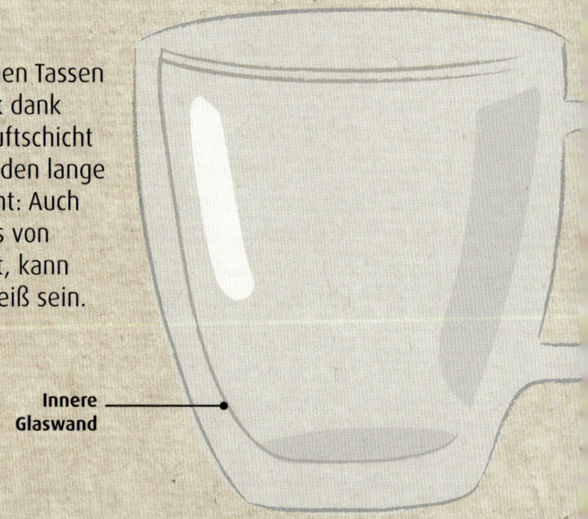

PRESSKANNE

Die bei Kaffeetrinkern beliebte Presskanne kann auch zur Teezubereitung genutzt werden. Die Vorgehensweise ist dieselbe. Man gibt die Blätter hinein, gießt mit Wasser auf, lässt den Tee ziehen und drückt ihn dann mit möglichst leichter Hand herunter. Der Stempel soll die Blätter vom Wasser trennen, aber nicht zerquetschen. Schließlich möchte man sie vielleicht erneut aufbrühen. Füllen Sie den Tee nach der Zubereitung komplett um, damit er nicht auf den Blättern nachzieht.

TEEBEREITER

Die meist aus BPA-freiem Kunststoff hergestellten Bereiter eignen sich perfekt für die Zubereitung einzelner Tassen. Man brüht die Blätter im Bereiter auf und stellt ihn auf ein Trinkgefäß. Sobald der Tee gezogen hat, drückt man auf einen Hebel und der Tee läuft in die Tasse. Es gibt Modelle, die automatisch Tee abgeben, sobald man sie auf eine Tasse stellt. Die Bereiter sind praktisch, aber in Reinigung und Pflege so aufwendig wie eine Teekanne.

THERMOSFLASCHE

Thermosflaschen halten den Tee zuverlässig für einige Stunden warm und machen das Teetrinken unterwegs möglich. Es gibt Modelle mit einer doppelwandigen Glasflasche, aber die meisten sind aus Edelstahl. Sehr praktisch sind Modelle mit einem Teesieb, das in den Flaschenhals eingesetzt wird, denn es handelt sich dabei um mobile Teekannen: Man gibt die Teeblätter ins Sieb und übergießt sie mit heißem Wasser. Dann wird die Flasche fest verschlossen und umgedreht, damit der Tee ziehen kann.

NEUE ZUBEREITUNGS-VERFAHREN

Zahlreiche innovative Teebereiter sind im Handel. Manche sind einfach zu handhaben und praktisch, andere erscheinen etwas extravagant. Aber alle liefern ein gutes Ergebnis.

HEISSBEREITER

Traditionell zieht Tee in heißem Wasser und die Blätter sind entsprechend aufbereitet. Doch inzwischen gibt es Alternativen zur guten alten Teekanne.

DER TEA SHAKER

Das Konzept ist denkbar einfach: Zwei Behälter sind über einen Edelstahlfilter wie bei einer Sanduhr miteinander verbunden. Man gibt die Teeblätter und das heiße Wasser in den oberen Behälter und schließt den Deckel. Dann dreht man das Gerät um und lässt den Tee ziehen. Nach Ende der Ziehzeit wird der Shaker gedreht und der Aufguss läuft durch den Filter in den anderen Behälter.

KALTBEREITER

In Kaltbereitern zieht der Tee lange und gibt seinen Geschmack ganz allmählich ans Wasser ab. Das scheint der traditionellen Zubereitung zu widersprechen, aber der Kaltauszug liefert eine leichtere Infusion mit einem sanfteren und süßeren Geschmack. Die Methode funktioniert besonders gut mit grünen und gelben Tees, zeigt aber auch mit Darjeelings interessante Resultate.

PORTIONSBEREITER

Die praktischen Portionsbereiter für den Kaltauszug gibt es in verschiedenen Formen. Man gibt die Blätter mit kaltem Wasser in den Bereiter, schraubt den Aufsatz mit dem eingebauten Filter auf und stellt den Bereiter 2–3 Stunden in den Kühlschrank. Dann gießt man den Tee durch den Aufsatz ab. Manche Modelle haben statt eines Filters ein loses Teesieb, in dem die Blätter schwimmen und das vor dem Ausgießen herausgenommen werden muss.

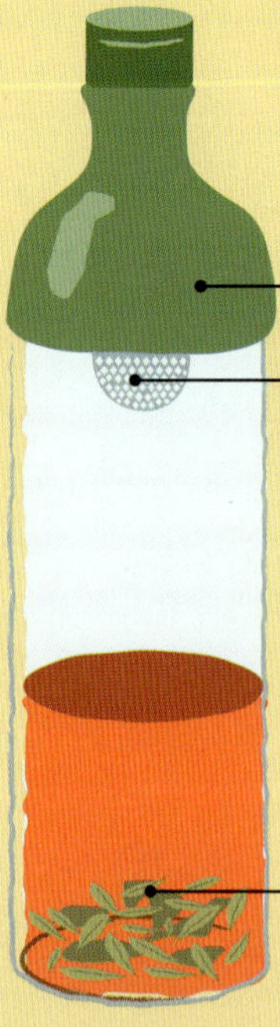

COLD DRIPPER

Der Cold Dripper besteht aus Glaskolben und -röhren und sieht ein bisschen wie ein Laborgerät aus. Mit 90–120 cm Höhe ist er zu groß für den Kühlschrank. Die Blätter werden in den mittleren Kolben gefüllt, in den oberen kommen kaltes Wasser und Eiswürfel. Das Eiswasser tröpfelt langsam durch die Teeblätter und läuft durch eine Glasspirale in den unteren Kolben ab. Mit weißem Tee dauert der ganze Vorgang etwa 2 Stunden. Grüntees, gelbe Tees und helle Oolongs brauchen 1 Stunde länger, geröstete Oolongs benötigen 4 Stunden, Pu-Erh- und Schwarztees rund 5 Stunden.

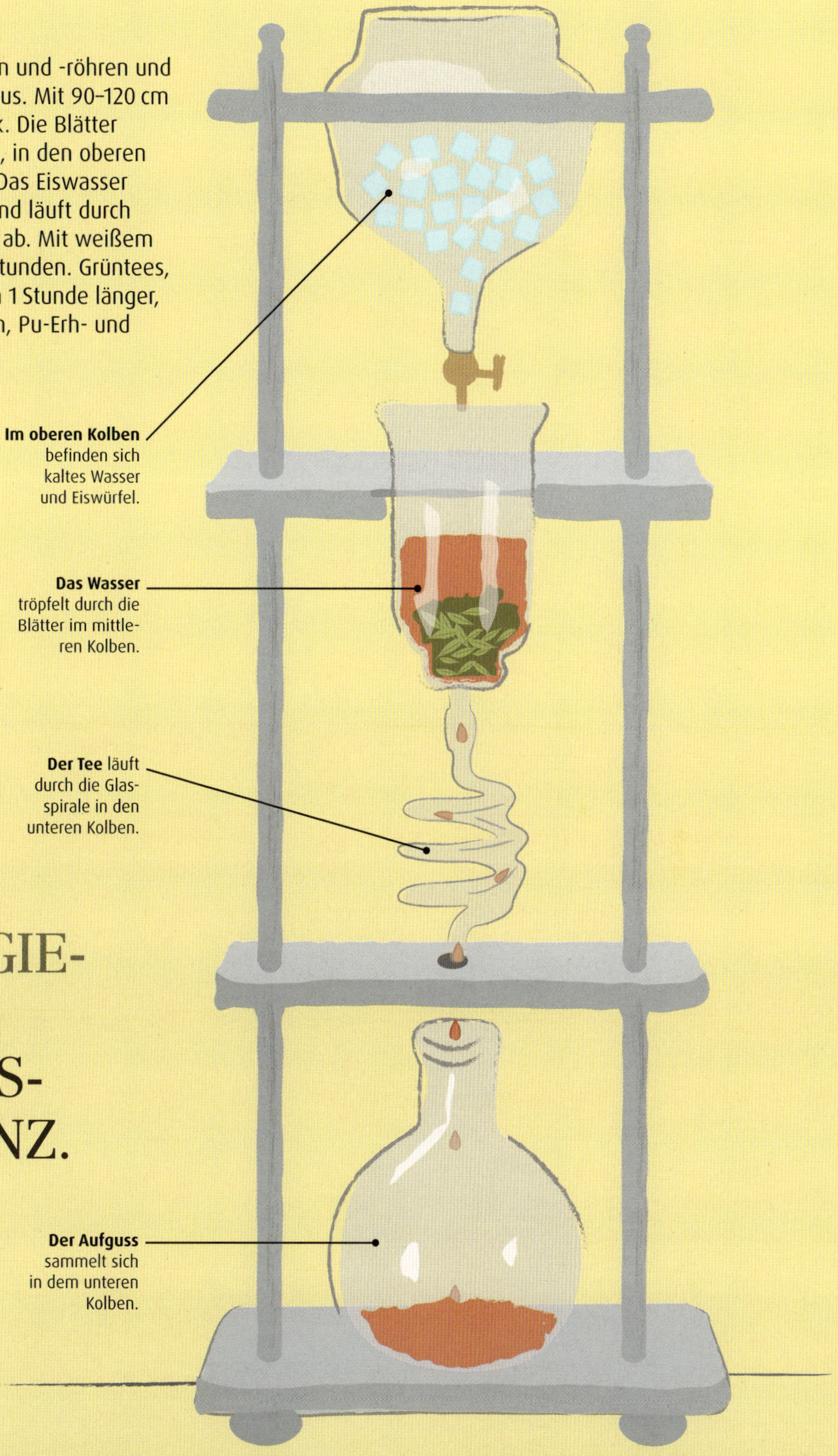

Für einen Kaltauszug brauchen Sie 50 Prozent mehr Blätter als für einen heißen Aufguss. Es werden weniger Catechine und Koffein gelöst. Deshalb schmeckt der Tee süßer.

DER KALTAUSZUG IST ENERGIESPAREND UND HAT EINE GÜNSTIGE CO_2-BILANZ.

DIE RICHTIGE MISCHUNG

Bereits vor 400 Jahren wurden in der chinesischen Provinz Fujian Tees mit Jasmin und anderen Blüten gemischt, nachdem die losen Blätter die Teeziegel nach und nach ersetzten. Die klassischen Blends (Mischungen) erfreuen sich ungebrochener Beliebtheit. Dazu kommen immer neue Kreationen mit Früchten und Blüten, die man auch selber herstellen kann.

Es gibt zwei Gründe, Tees zu mischen: um ein konsistentes Geschmacksprofil zu erzielen oder um einen besonderen Geschmack zu kreieren. Im ersten Fall mischt man teilweise 30–40 Tees unterschiedlicher Herkunft, damit z. B. ein Beuteltee verlässlich gleich schmeckt. Die Teemeister verkosten täglich Hunderte Tees aus allen Anbauregionen. Ihr Ziel ist es, einen für die Kunden vertrauten Geschmack Jahr um Jahr wieder zu erschaffen.

Soll ein besonderer Geschmack kreiert werden, mischt man verschiedene Tees unterschiedlicher Herkunft zusammen mit Trockenfrüchten, Gewürzen und Blüten. In der Teefabrik werden die Blätter meist zusätzlich mit Aromen und Essenzen besprüht. Dann wird alles in einem Trommelmischer gemischt. Sie können aber auch in der heimischen Küche Ihre eigene Mischung herstellen. Alle Rezepte ergeben 200 g Blend.

KLASSISCHE BLENDS

Die meisten Teefreunde kennen die folgenden Blends, die es zum Teil schon seit Jahrhunderten gibt. Mit Ausnahme von Genmaicha kann man alle mit Milch trinken. Experimentieren Sie mit den Mengenverhältnissen in den Rezepten und stellen Sie Ihren eigenen Blend zusammen.

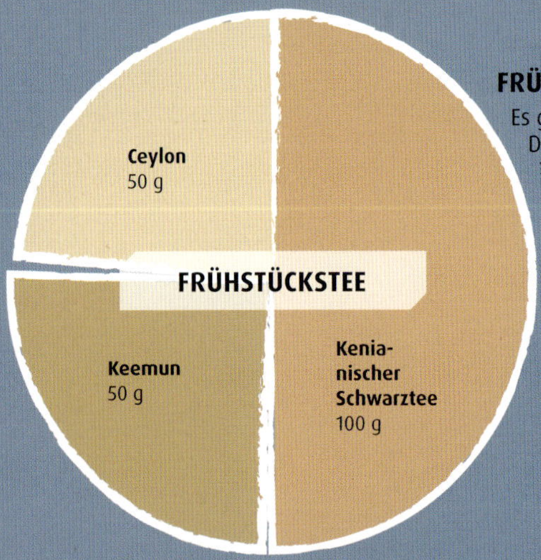

FRÜHSTÜCKSTEE

Es gibt viele Versionen des klassischen Frühstückstees. Die bekannteste ist vermutlich der English Breakfast Tea mit Tees aus Indien, Sri Lanka und Kenia in unterschiedlichen Anteilen. Der Irish Breakfast Tea enthält Assamtee und ist deshalb recht robust. Frühstücksmischungen sind oft auf die Härte des Trinkwassers vor Ort abgestimmt. Die Rezepte der Industrie sind ein streng gehütetes Geheimnis, die kein Teehändler jemals preisgeben würde.

GENMAICHA

Der in Japan als »Volkstee« bekannte Genmaicha besteht aus Senchablättern und geröstetem Reis, der traditionell als Füllstoff verwendet wurde, um den Tee bezahlbarer zu machen, heute aber wegen seines Geschmacks geschätzt wird. Gelegentlich findet man auch ein wenig gepufften Reis in der Mischung, was den Spitznamen »Popcorn-Tee« erklärt. Hier ein einfaches Rezept für den Reis: Weißen Rundkornreis waschen, dann 10–15 Minuten bei schwacher Hitze in der trockenen gusseisernen Pfanne goldbraun rösten. Abkühlen lassen und mit japanischem Sencha mischen.

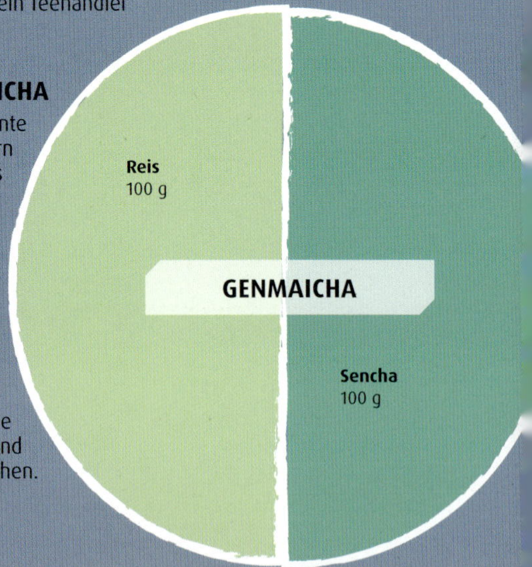

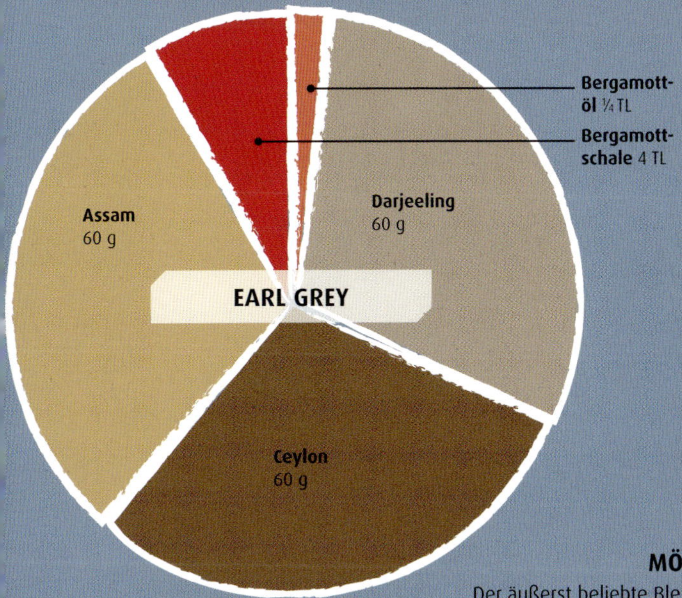

EARL GREY

Ein erfrischender Blend, den es in verschiedenen Varianten gibt, benannt nach Charles Grey, der von 1830 bis 1834 britischer Premierminister war. Das klassische Rezept enthält drei Schwarztees: Darjeeling und Ceylon, die für Leichtigkeit sorgen, und malzigen Assam, der dem Aufguss Tiefe verleiht. Der charakteristische Duft des Blend kommt von Bergamottöl und -schale, die Sie auch durch Mandarinenschale ersetzen können.

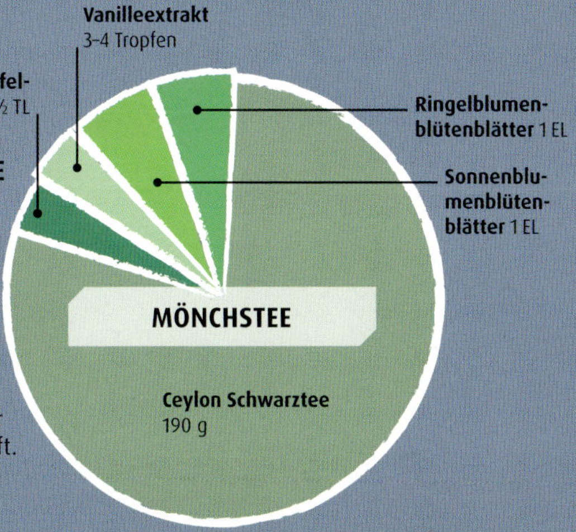

MÖNCHSTEE

Der äußerst beliebte Blend wurde zuerst von Franziskanermönchen hergestellt. Sie verwendeten traditionell Grenadine, einen Granatapfelsirup, aber man kann sich auch mit Granatapfelextrakt behelfen. Das Vanilleextrakt sorgt für Weichheit, Ringelblumen- und Sonnenblumenblütenblätter für Farbe und Duft.

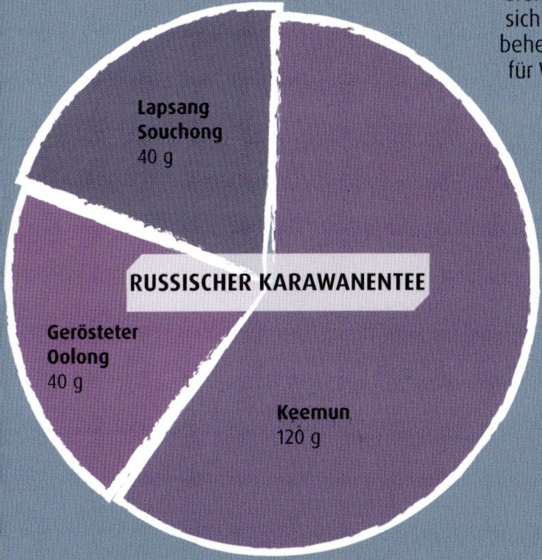

RUSSISCHER KARAWANENTEE

Die wohltuende Mischung besteht aus drei chinesischen Tees – Keemun, Lapsang Souchong und geröstetem Oolong – und ist eine Hommage an die Kamelkarawanen, die im 19. Jh. Tee und andere Waren aus China nach Russland brachten. Die Reise dauerte meist viele Monate und der Tee war in dieser Zeit dem Rauch der Lagerfeuer und den Elementen ausgesetzt. Der Blend erinnert an den süßen Geruch eines Holzfeuers mit nur einer Spur Rauchigkeit und sagt damit auch Teetrinkern zu, die den teerigen Geschmack des Lapsang Souchong pur nicht mögen.

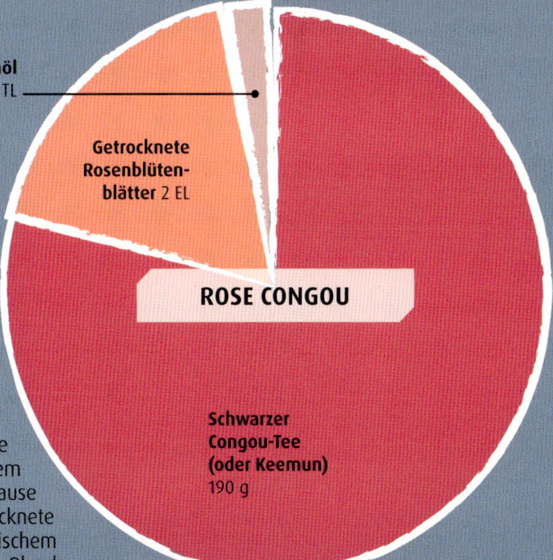

ROSE CONGOU

Der traditionelle duftende chinesische Blütentee war im England des 18. Jh. ein echter Importschlager. Bei der kommerziellen Herstellung werden Tee- und Rosenblätter geschichtet, bis die Blüten den Tee aromatisiert haben. Dann gibt man aus optischen Gründen weitere Blütenblätter hinzu. Die Süße der Rosen macht ihn zu einem beliebten Nachmittagstee. Zu Hause können Sie Rosenöl und getrocknete Rosenblütenblätter mit chinesischem Congou-Tee mischen. Den Blend mehrere Tage in einem luftdichten Behälter ruhen lassen.

MODERNE MISCHUNGEN

In den letzten fünf Jahren erfreut sich der Trend, Tee mit frischen und getrockneten Früchten und Blüten zu mischen, zunehmender Beliebtheit und es gibt eine steigende Nachfrage nach starken, süßen und fruchtigen Blends. Die oft nach Gebäck benannten Mischungen sind so weit verbreitet, dass es im Englischen mittlerweile die Bezeichnung »Dessert-Tees« für sie gibt. Sie gelten auch als »Einstiegstees«, weil sie Menschen, die Tee eigentlich nicht mögen, in die Teegeschäfte locken. Die Tees sehen meist attraktiv aus, schmecken auch kalt und eignen sich darüber hinaus als Backzutat.

Für diese Blends braucht es keine hochwertigen Tees, da die anderen Geschmacksnoten die subtilen Aromen der Teeblätter meist übertönen. Vielmehr kommt es darauf an, Zutaten zu finden, die gut zusammenpassen und geschmacklich nicht kollidieren. Als Faustregel gilt: Wenn die Zutaten in einem Dessert zusammenpassen, werden sie auch in einem Blend mit einem kräftigen Schwarztee als Basis funktionieren. Man kann aber auch mit anderen Teearten experimentieren. Hier sind einige schöne Rezepte. Lassen Sie die Tees so lange in richtig temperiertem Wasser ziehen wie die verwendeten Basistees.

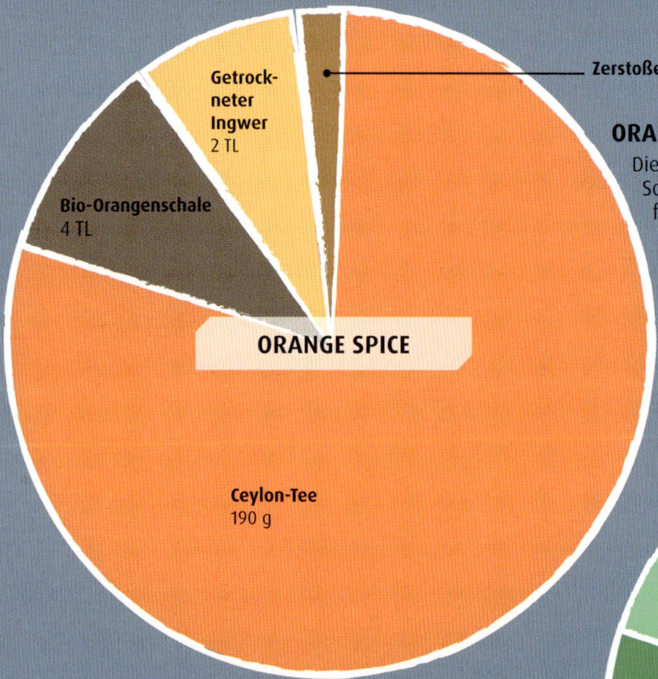

ORANGE SPICE

Dieser Blend eignet sich perfekt für den Sonntagsbrunch und zum Festessen. Der frische, gut abgerundete Ceylon-Tee verträgt die Würze der zerstoßenen Nelken und die Schärfe des getrockneten Ingwers gut, während die Orangenschale Süße beiträgt.

SCHOKOMINZE

Assam ist ein tiefer, malziger Tee, der gut mit Schokolade zusammengeht. Mischen Sie ihn entweder mit Kakaonibs oder zerstoßener dunkler Schokolade sowie Minze (frisch oder getrocknet). Der Aufguss kann trüb sein, verträgt also einen Schuss Milch.

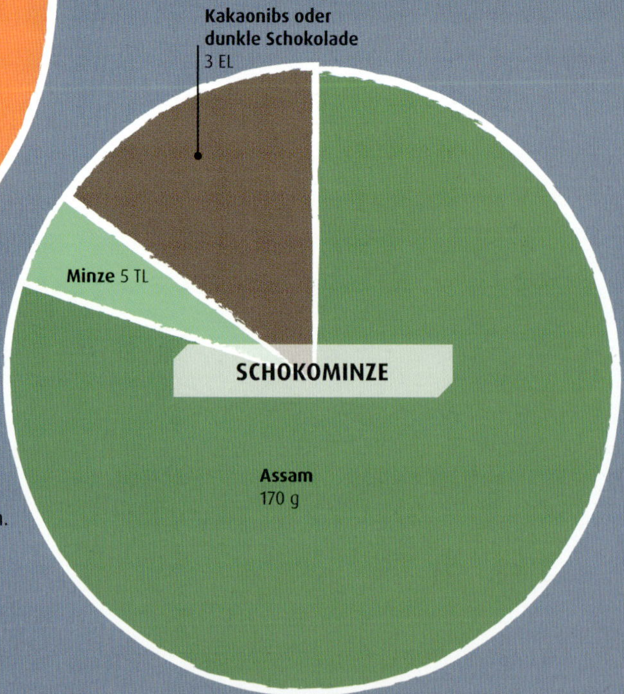

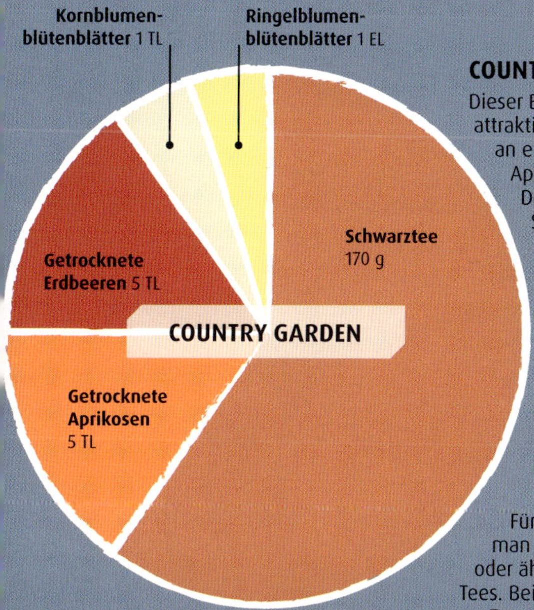

COUNTRY GARDEN

Dieser Blend schmeckt gut, riecht gut und sieht dazu attraktiv aus. Korn- und Ringelblumenblätter erinnern an einen Sommergarten, während die getrockneten Aprikosen und Erdbeeren nach Obstgarten duften. Der Schwarztee bildet das Fundament und hält Süße und Fruchtigkeit in Zaum.

TROPENTRAUM

Für Grüntee-Blends nimmt man am besten Gunpowder oder ähnlich preiswerte Blatt-Tees. Beim Tropentraum ist der Tee eher eine weitere Zutat als die Basis, da er keinen herausragenden Charakter liefert, aber trotzdem eine Rolle in der Mischung spielt. Die exotische Mischung aus getrocknetem Zitronengras, Mango und Kokosflocken dürfte viele Freunde finden.

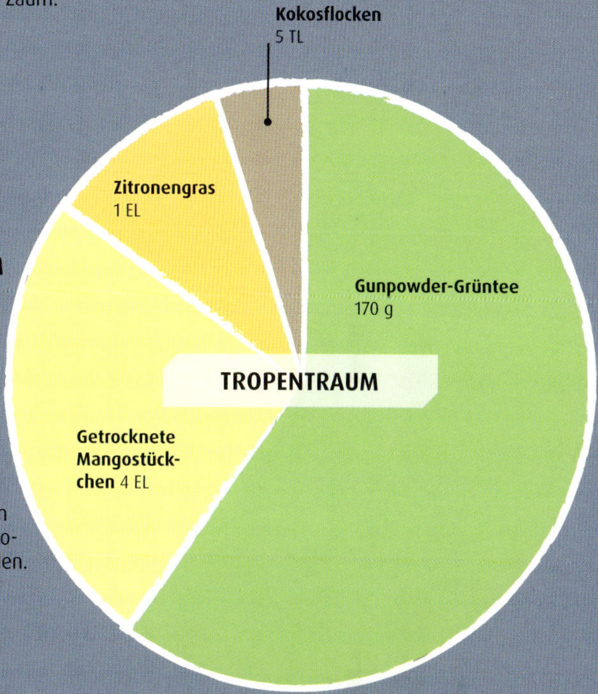

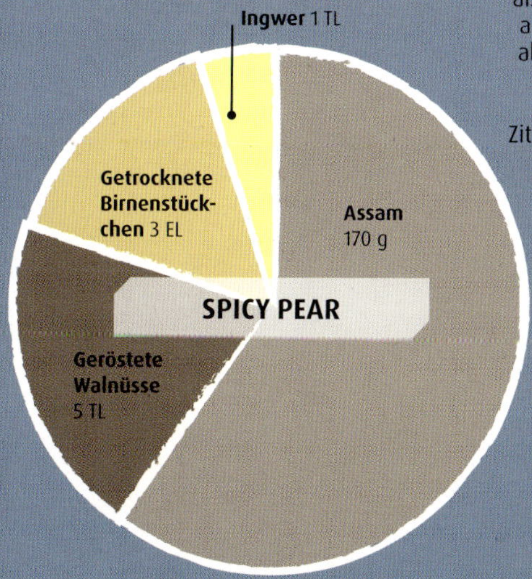

SPICY PEAR

Der Assam passt wunderbar in diesen nussigen Blend, weil er von der Süße der getrockneten Birne profitiert. Die gerösteten Walnüsse gleichen diese Süße wieder aus, während der Ingwer für Würze sorgt. Dieser Tee verträgt einen Schuss Milch.

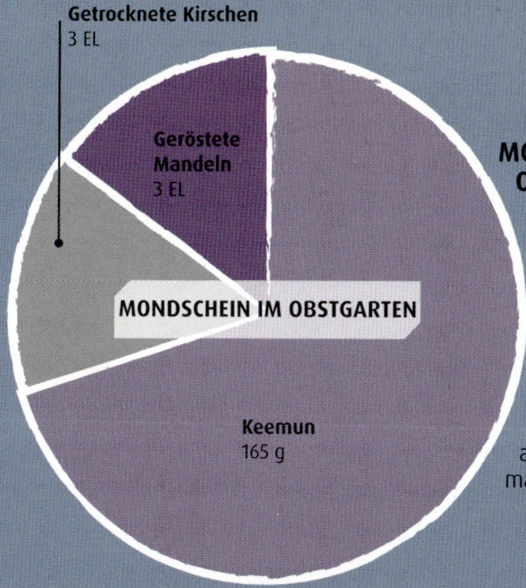

MONDSCHEIN IM OBSTGARTEN

Der oft als »Burgunder der Tees« bezeichnete Keemun ist einer der kräftigsten chinesischen Schwarztees. Seine eigenen Süßkirschennoten passen perfekt zu den getrockneten Kirschen. Der nussige Geschmack der gehackten, gerösteten Mandeln balanciert die Süße aus und ihre natürlichen Öle machen den Blend schön weich.

TEE AUS ALLER WELT

GESCHICHTE DES TEES

Von Asien aus verbreitete sich das Getränk, das Geist und Körper belebt, über die ganze Welt. In der Vergangenheit bereitete es Revolutionen vor und verursachte Kriege.

Pu-Erh-Ziegel

ENTDECKUNG

Der chinesische Kaiser Shennong soll den Tee 2737 v. Chr. entdeckt haben, während er unter einem Teebaum ruhte. Er bemerkte das Aroma einiger Blätter, die in einen Topf mit brodelndem Wasser gefallen waren, nahm einen Schluck und fand das Getränk erfrischend.

Der Tang-Gelehrte Lu Yu

VERBREITUNG

Während der Tang-Dynastie (618–907) brachten buddhistische Mönche aus Korea und Japan chinesische Teesamen mit nach Hause und pflanzten sie an. Sie begründeten damit eine bis heute lebendige Teekultur.

TEE-CHRONIK

2737 v. Chr.
Kaiser Shennong entdeckt den Tee.

420 n. Chr.
Buddhistische Mönche nutzen Teeblätter zur Meditation.

618–907
Die während der Tang-Dynastie eröffnete Tee-Pferde-Straße verbindet die Teeproduzenten in Yunnan mit Teekonsumenten in ganz China und in Tibet.

760–762
Der Tang-Gelehrte Lu Yu schreibt *Chajing* (Das Buch vom Tee).

828
Teesamen gelangen nach Korea und werden nahe dem Dorf Hwagae am Jirisan an der Südspitze Koreas gepflanzt.

ANBAU

Um 420 n. Chr. nutzten Zen-Mönche in China Teeblätter, um bei der Meditation konzentriert zu bleiben. Sie pflanzten Sträucher in der Nähe ihrer Klöster, pressten die Blätter zu runden Ziegeln und verkauften sie. Mit der Zeit lernten die Bauern, Tee anzubauen und zu verarbeiten, und der Tee hielt Einzug ins Alltagsleben.

HANDELSROUTEN

Die Tee-Pferde-Straße (hier rot eingezeichnet) verband China mit der Mongolei und Tibet. Die Chinesen nutzten die Route, um zu Ziegeln gepressten Tee gegen robuste Pferde einzutauschen, die sie als Transportmittel und zur Kriegsführung brauchten.

MONGOLENSTURM
Die Mongolen fielen 1271 in China ein und begründeten die Yuan-Dynastie (1271–1368). Sie zeigten keinerlei Interesse an der feinen chinesischen Teekultur und zogen ihre eigene rustikale Zubereitungsweise vor. Als die Ming-Dynastie (1368–1644) die Herrschaft der Mongolen beendete, blühte das Interesse wieder auf. Die Teeverarbeitung entwickelte sich langsam von gepressten Ziegeln zu losen Blättern.

MONGOLISCHER TEE
Der salzige Yakbuttertee war und ist bis heute ein Grundnahrungsmittel der Mongolen.

1271
Die Mongolen erobern China und die Teekultur der Song-Dynastie geht unter.

1590er-Jahre
Portugiesische Missionare berichten in Briefen aus China von Tee.

1610
Die Portugiesen beginnen Tee aus China zu importieren.

1619
Die Holländer gründen im indonesischen Batavia (heute Jakarta) eine Handelsniederlassung und importieren Tee nach Europa.

1658
Eine Anzeige in einer Londoner Zeitung gibt den Ausschank des »China drink« in einem Londoner Kaffeehaus bekannt. Im ganzen Land ist Tee nur in kleinen Mengen zu haben.

1660er-Jahre
Die Britische Ostindien-Kompanie importiert Tee aus China über Java nach Großbritannien.

TEE-MODE
Im 16. Jh. waren die Portugiesen die ersten Europäer, die Tee tranken, berühmt wurde er aber durch die Holländer. Sie waren die größten Tee-Importeure und trieben Handel mit dem Rest Europas. Angesichts seines hohen Preises war Tee ein Luxusgut.

OSTINDIEN-KOMPANIE
Die 1600 von Privatleuten gegründete Britische Ostindien-Kompanie entwickelte sich zu einem übermächtigen Monopolisten, der die Hälfte des Welthandels kontrollierte. Sie importierte exklusiv Tee aus China nach England und baute später eigene Plantagen in Indien auf, um Großbritannien und seine Kolonien zu beliefern.

Assam-Tee

KÖNIGLICHE MITGIFT

1662 heiratete die portugiesische Prinzessin Katharina von Braganza den englischen König Karl II. Ihre beträchtliche Mitgift umfasste auch Kisten mit Tee, der unter portugiesischen Adligen sehr beliebt war, sowie die indische Hafenstadt Bombay, die die Ostindien-Kompanie später zu ihrem Hauptquartier in Fernost machen sollte, um Tee in alle Welt zu exportieren. Zu dieser Zeit spielte Tee in England keine große Rolle, aber die Begeisterung der Königin griff bald auf die Gesellschaft bei Hofe über.

RUSSISCHER TEE

Seit 1638 war Tee in Russland bekannt, aber erst nach Eröffnung der Tee-Kamel-Straße gab es verlässlich Nachschub.

WIE HEISST DAS?

Da die Europäer mit Chinesen handelten, die den Amoy-Dialekt sprachen, übernahmen sie deren Wort »Tay« für Tee. Daraus wurde im Englischen *tea*, im Französischen *thé* und im Deutschen *Tee*.

1662
Karl II. von England heiratet die portugiesische Prinzessin Katharina von Braganza. Durch sie wird Tee beim britischen Adel populär.

1676
Angesichts der wachsenden Beliebtheit von Tee führt Karl II. eine Teesteuer in Höhe von 119 Prozent ein.

1689
Die Tee-Kamel-Straße zwischen Russland und der Mongolei erleichtert den Handel zwischen den Ländern.

1773
Aus Protest gegen die Besteuerung der Kolonien in Nordmarika kippen bei der »Boston Tea Party« Siedler drei Ladungen englischen Tee ins Bostoner Hafenbecken.

BRITISCHE KOLONIEN

Tee war auch in den Kolonien in Nordamerika beliebt, obwohl er hoch besteuert wurde. Erbost, dass sie Steuern zahlen sollten, aber im Parlament keine Stimme hatten, kippten amerikanische Siedler am 16. Dezember 1773 drei Ladungen Tee in den Hafen von Boston. Die »Boston Tea Party« war ein Vorbote des Unabhängigkeitskriegs (1775–1783).

SCHMUGGEL

Die hohe Teesteuer führte in Großbritannien zu einem lebhaften Teeschmuggel aus Europa über die Kanalinseln und die Isle of Man nach Großbritannien. Schmuggel war zwar im frühen 18. Jh. weit verbreitet, aber die einzelnen Schmuggler waren kleine Fische, die teilweise in Ruderbooten ausfuhren und bei einer Tour kaum mehr als 60 Kisten Tee an Land brachten.

IN GEHEIMER MISSION

In Indien waren zwar einheimische Teesträucher gefunden worden, aber die Ostindien-Kompanie bevorzugte die chinesischen Sinensis-Sträucher, die besser mit dem kühleren Klima und den höheren Lagen Darjeelings zurechtkamen als die Assamica-Varietät. Sie beauftragte den Botaniker Robert Fortune, in den inneren Provinzen Chinas Stecklinge, Samen und Fachkenntis zu sammeln. Von 1848 bis 1851 schleuste er große Mengen Samen und Sämlinge von Teepflanzen nach Indien.

Chinesischer Gaiwan

OPIUMKRIEGE

Während die britischen Teegärten in Indien wuchsen, setzte die Ostindien-Kompanie den Handel mit China fort. Sie verkaufte in Indien produziertes Opium nach China gegen Silber, mit dem sie dann Tee einkaufte. In den 1820er-Jahren war die Opiumsucht in China so verbreitet, dass die Regierung das Opiumrauchen verbot. Dessen ungeachtet ging der Opiumhandel weiter und führte zwischen 1838 und 1860 zu zwei Kriegen zwischen China und Großbritannien.

1778
Der Naturforscher Joseph Banks empfiehlt der britischen Regierung, Tee in Nordostindien anzubauen.

1784
Der britische Premierminister William Pitt senkt die Teesteuer von 119 auf 12,5 Prozent. Tee wird nun auch für die arbeitende Klasse erschwinglich.

1823
Im indischen Assam werden einheimische Teesträucher der Art *Camellia sinensis* var. *assamica* entdeckt.

1835
In Assam werden die ersten Teesträucher aus Stecklingen einheimischer *Assamica*-Pflanzen kultiviert.

1837
Amerika nimmt den direkten Handel mit China auf.

1838
Eine kleine Tee-Ernte aus Assam wird zur Begutachtung nach London geschickt.

1839–1860
Opiumkriege

EIN GETRÄNK FÜR ALLE BEVÖLKERUNGSSCHICHTEN

Im 18. Jh. war Tee in Großbritannien so teuer, dass die Arbeiterklasse ihn sich nicht leisten konnte. 1784 wurden die Steuern auf Tee drastisch gesenkt, um dem Schmuggel den Garaus zu machen und den legalen Teehandel anzukurbeln. Nun konnten sich auch die einfachen Leute das Getränk leisten. In der Alltagsernährung löste Tee von geringer Qualität das Bier ab, das vorher selbst zum Frühstück getrunken wurde. Dadurch verbesserte sich die mentale und physische Gesundheit der Bevölkerung.

PFLANZUNGEN IN INDIEN

Lange Lieferzeiten, hohe Preise und Handelsungleichgewichte überzeugten die Ostindien-Kompanie von der Notwendigkeit, Tee in Indien anzubauen. Die ersten Sträucher wurden 1835 in Assam gepflanzt, aber es sollte mehr als ein Jahrzehnt dauern, bis die Ernten rentable Größenordnungen erreichten. In den 1870er-Jahren erstreckten sich private Teegärten über ganz Assam und Darjeeling und versorgten Großbritannien mit mehr und vor allem billigerem Tee als die Chinesen je hatten liefern können.

PORZELLAN

Mitte des 18. Jh. hatten europäische Handwerker die Porzellanherstellung perfektioniert und Mitte des 19. Jh. erlebten die renommierten Porzellanmanufakturen in Europa und England goldene Zeiten, ausgelöst durch die starke Nachfrage nach exklusiven Teeservices.

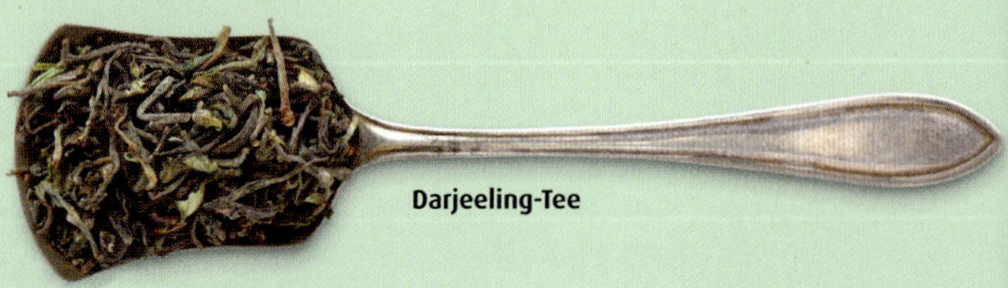

Darjeeling-Tee

FEINES PORZELLAN
Der Goldrand durchscheinender Porzellantassen und Untertassen schimmerte im abendlichen Lampenlicht.

SUEZKANAL

Der 1869 eröffnete Suezkanal machte den Transport zwischen den Tee produzierenden Ländern in Asien und Europa sowie Amerika endlich wirtschaftlich rentabel. Große, schnelle Dampfschiffe verkürzten die Reisezeit zusätzlich und erstmals wurde es möglich, auch in der westlichen Welt frischen Tee zu genießen.

1840
Erste, erfolglose Versuche der Briten, Tee auf Ceylon (Sri Lanka) anzubauen.

1869
Der Suezkanal wird eröffnet und Dampfschiffe können auf den Asienrouten Zeit und Geld sparen. Nach einem Ernteausfall beim Kaffee wird auf Ceylon erneut Tee angebaut. Dieses Mal mit Erfolg.

1840er-Jahre
Handelsklipper beschleunigen den Teetransport nach Amerika.

1869
Der verlässliche Nachschub von britischen Teeplantagen auf Sri Lanka führt zu einem dramatischen Preisverfall.

1872
In Assam werden die ersten dampfgetriebenen Rollmaschinen eingesetzt, die in der Teeproduktion Zeit und Kosten sparen.

TEE AUF SEE

In der ersten Hälfte des 19. Jh. mussten Schiffe noch um das Kap der Guten Hoffnung segeln, um nach Großbritannien und Amerika zu gelangen. Neue, schnittige Klipper mit mehreren Rahsegeln erreichten bis zu 20 Knoten und brachten Teeladungen in der Hälfte der Zeit ans Ziel. Die *Cutty Sark* war einer der letzten Teeklipper und fuhr bis 1877.

Teeklipper

INDISCHE TEES

In der zweiten Hälfte des 19. Jh. blühten die Teeplantagen in Indien und zur Regierungszeit Königin Viktorias (1837–1901) wurden jedes Jahr neue Anbauflächen gerodet. Indien produzierte hervorragende Schwarztees, die in Europa, Australien und Nordamerika begehrt waren.

TEEPAUSE

Ende des 19. Jh. war die industrielle Revolution im vollen Gang und die Fabrikarbeiter mussten lange Schichten arbeiten. Die Arbeitgeber gaben vormittags und nachmittags Tee an die Arbeiterschaft aus und begründeten so die Teepause, die später auch Hausangestellten zugestanden wurde.

TEEBLOCKADE
Vor dem Zweiten Weltkrieg machten chinesische und japanische Grüntees 40 Prozent des in Nordamerika getrunkenen Tees aus.

ZWEITER WELTKRIEG

Tee spielte eine wichtige Rolle für die britische Kampfmoral im Zweiten Weltkrieg. Er war zwar auf 56 g pro Person und Woche rationiert, aber die Soldaten und Zivilhelfer bekamen größere Rationen. Da im Krieg bestimmte Handelsrouten unterbrochen waren, wurde Nordamerika nur noch mit Schwarztee über den Atlantik beliefert. Als der Krieg vorüber war, trank dort niemand mehr Grüntee und es sollte lange dauern, bis diese Tradition wiederauflebte.

1908
Der New Yorker Teehändler Thomas Sullivan verschickt Teeproben in Seidensäckchen und erfindet so unbeabsichtigt den Teebeutel.

1910
In Indonesien wird erstmals Tee angebaut.

1920
Der Teebeutel wird zu einem Produkt für den Massenmarkt entwickelt.

1939–1945
Im Zweiten Weltkrieg kommt es zur Rationierung von Tee. Wichtige Handelsrouten sind unterbrochen.

1957
Die Rotorvane-Maschine wird erfunden und macht die Teeproduktion effizienter.

1960er-Jahre bis heute
Der Tee setzt seinen Siegeszug fort und ist heute nach Wasser das am häufigsten konsumierte Getränk der Welt.

NACHMITTAGSTEE

Gegen Ende des 19. Jh. wurde der Nachmittagstee in England sowohl beim Adel als auch in der Mittelschicht zu einem festen Ritual. Ladys, die ihre Freundinnen zu Hause bewirteten, trugen dazu spezielle informelle Teekleider ohne Korsett. In den Städten entstanden Teestuben, die sich bald zu beliebten Treffpunkten der ersten Suffragetten entwickelten.

TEEPLANTAGE
In Munnar im südindischen Kerala gedeiht Tee auf einer Höhe von 1600 m.

DER AFTERNOON TEA

Aus dem kleinen Snack am Nachmittag wurde mit der Zeit eine üppige Mahlzeit. Heute kennt die urbritische Tradition zahlreiche regionale Varianten.

DIE ANFÄNGE

Die Ursprünge des Nachmittagstees liegen in den 1840er-Jahren, als die Häuser der britischen Oberschicht mit Gaslicht ausgestattet wurden und die Bewohner dadurch später zu Abend essen konnten. Zu dieser Zeit nahm man nur zwei Mahlzeiten am Tag zu sich: Frühstück und Abendbrot. Die gesellschaftlich einflussreiche Duchess of Bedford ging dazu über, gegen 16 Uhr einen Tee und einen leichten Snack zu sich zu nehmen, um die lange Zeit bis zum *supper* zu überbrücken. Und sie kam auf die Idee, ihre Freundinnen zu dieser Zwischenmahlzeit in ihr Haus in Woburn Abbey in Bedfordshire einzuladen. Die Gewohnheit sprach sich herum und setzte sich in den Salons im ganzen Land und in den britischen Kolonien durch.

Der Nachmittagstee führte zu einer großen Nachfrage nach Porzellangeschirr und damit zu einem Boom der Porzellanmanufakturen in der ganzen Welt. In Nordamerika hatte der Brauch seine Hochzeit in den 1950ern. Die Schriftstellerin Emily Post verfasste einen Essay über die Tee-Etikette.

Der früher eher am späten Nachmittag zelebrierte Afternoon Tea findet heute meist zwischen 14 und 17 Uhr statt und kann Mittagessen oder Abendbrot ersetzen. In jüngerer Zeit erlebt er ein Revival in Hotels, Cafés und Teestuben, auch in Form von Themen-Nachmittagen mit süßen und herzhaften Snacks.

TEE-ETIKETTE

Der Nachmittagstee ist so tief in der britischen Kultur verwurzelt, dass jeder seine eigene Vorstellung vom richtigen Ablauf hat. Dazu zählt auch die Art, wie man einen Scone korrekt isst: Aufschneiden oder aufbrechen? Die Reihenfolge von Clotted Cream und Konfitüre: Erst die Konfitüre, wie man es in Cornwall macht, oder erst die Clotted Cream, wie es in Devon üblich ist? Gibt man die Milch in den Tee oder den Tee in die Milch? Und so weiter.

Traditionell trinkt man zum Nachmittagstee einen kräftigen Darjeeling oder Assam. Daneben sind auch klassische Blends, wie Earl Grey, sehr beliebt. Der Tee wird immer mit Milch oder Zitronensaft und Zucker gereicht. Dazu serviert man eine Auswahl krustenloser Sandwiches, die unter anderem mit Gurke oder Räucherlachs und Frischkäse belegt sind, sowie Scones mit Konfitüre und Clotted Cream und Kleingebäck auf einer Etagere.

Hotels, Cafés und Teestuben, die ihren Gästen einen Afternoon Tea anbieten, haben das Speisenangebot deutlich erweitert. Je nachdem, wo auf der Welt man sich befindet, werden neben Scones und Sandwiches Plätzchen, Cupcakes und Kuchen gereicht, aber auch Dim Sum, frische Meeresfrüchte und köstliche Horsd'œuvres. Dazu steht eine große Auswahl an Tees aus aller Welt auf der Karte, darunter Grüntees aus China und Japan, Oolongs, diverse Blends sowie Früchte- und Kräutertees. Mittlerweile ist es durchaus nicht unüblich, den Nachmittagstee mit einem Glas Champagner einzuläuten.

MILCH ZUERST

Es hat Vorteile, zuerst die Milch in die Tasse zu geben. So nahm man früher an, dass die kalte Milch den heißen Tee kühlen und damit die empfindliche Porzellantasse schonen würde. Aber es ist doch viel praktischer – und höflicher –, wenn der Gastgeber den Tee einschenkt und den Gast Milch und Zucker selbst nehmen lässt.

Der Afternoon Tea ist ein lebendiges Stück britische Teekultur, wird aber heute eher als gelegentlicher Luxus und zu besonderen Anlässen zelebriert statt als tägliches Ritual.

CHINA

Das Ursprungsland des Tees ist China. Die Anbauer in den gebirgigen Teeregionen blicken auf eine jahrtausendealte Tradition zurück.

China ist der größte Teeproduzent der Welt, exportiert aber nur kleine Mengen, weil das meiste im Land selbst konsumiert wird. Immer schon suchten ambitionierte Händler aus dem Westen den Kontakt zu chinesischen Teebauern, um ihren Kunden Premium-Tees bieten zu können.

In China gibt es die größte Sortenvielfalt der Welt und die Produzenten verfügen über herausragendes Fachwissen in Bezug auf Anbau und Verarbeitung – schließlich blicken sie auf mehr als 4000 Jahre Erfahrung zurück. Der Tee wird nach wie vor meist von Hand gepflückt und orthodox aufbereitet (siehe S. 21). Nur gelegentlich weichen Produzenten von der traditionellen Herstellungsweise ab, um einen einzigartigen Tee zu schaffen, meist bei kleinen Auflagen von Grüntees.

Die meisten chinesischen Produzenten kennt man nur in Verbindung mit Tees aus ihrer Heimatregion, aber viele experimentieren auch mit anderen Tees, wie Schwarztees von Sträuchern, die für gewöhnlich Grüntee liefern, oder auch mit dem japanischen Yabukita-Strauch, der normalerweise Matcha liefert.

Anji Bai Cha

TEE-FAKTEN **CHINA**

WELTMARKTANTEIL: 36,8 %

HÖHENLAGEN: MITTEL BIS HOCH

WEITERE ANBAUPROVINZEN: ANHUI, GUANGDONG, HUBEI

TEEARTEN: GRÜN, OOLONG, WEISS, SCHWARZ, PU-ERH, GELB

HAUPTERNTE: MÄRZ–MAI

WELTRANG ALS PRODUZENT: WELTGRÖSSTER TEE-PRODUZENT

Anji Bai Cha ist ein Grüntee aus dem Kreis Anji in der Provinz Zhejiang. »Bai« heißt auf Chinesisch »weiß«, der Tee ist nach der hellen Farbe der ungepflückten Blätter benannt.

PROVINZ SICHUAN

Der erste Teegarten in Sichuan wurde 53 v. Chr. am Berg Mengding angelegt. Bereits 907 n. Chr. wurde in der Tang-Dynastie der Grüntee Meng Ding Gan Lu (Süßer Tau) als Tribut an den Kaiser geliefert. Heute ist die erste Ernte dieses Tees immer schnell ausverkauft. Andere Tees aus dieser Region sind der grüne Zhu Ye Qing und der gelbe Meng Ding Huang Ya.

Die Spitzen des grünen Zhu Ye Qing aus der Provinz Sichuan sehen wie grüne Bambusblätter aus.

PROVINZ ZHEJIANG

Der berühmteste Tee aus der reichen Küstenregion ist der Long Jing, der im gleichnamigen Dorf in sehr kleinen Mengen angebaut wird. Ein weiteres berühmtes Anbaugebiet ist Anji, wo der grüne Anji Bai Cha herkommt.

PROVINZ FUJIAN

In der Heimat des berühmten Rauchtees Lapsang Souchong wird eine Vielzahl von Teearten produziert, vom Jin Jun Mei und den Oolongs aus den Wuyi-Bergen bis zu den weißen Tees aus der Region Fuding im Norden.

PROVINZ HUNAN

Die Region ist für den von einer kleinen Insel im Dongting-See stammenden gelben Tee Jun Shan Yin Zhen bekannt. Auch der köstliche und leicht rauchige Grüntee Wei Shan Mao Jian stammt von hier.

PROVINZ YUNNAN

Die Nachfrage nach Tees aus der Provinz Yunnan ist im vergangenen Jahrzehnt ständig gestiegen. Hauptverantwortlich dafür sind die dunklen Sorten, wie Pu-Erh und Golden Needle. Manche Käufer in der westlichen Welt sind bereit, mehrere Hundert Euro für ein paar Gramm der seltensten Pu-Erh-Tees zu zahlen.

CHINESISCHE TEEKULTUR

Der Tee wird in China schon seit Tausenden von Jahren geschätzt und die chinesische Teekultur hat sich über Jahrhunderte zu einer Kunstform entwickelt. Für die Chinesen war das Getränk nicht nur Stärkungsmittel und Medizin, sondern auch eine Quelle der Inspiration und Kreativität.

FRÜHE ANFÄNGE

Mehr als 4000 Jahre lang wurde Tee ausschließlich in China angebaut und getrunken. Dann gelangte er über die Seidenstraße und die Tee-Pferde-Straße auch in Regionen unmittelbar jenseits der Reichsgrenzen. Tee gehörte zwar schon seit der Han-Dynastie (206 v. Chr.–220 n. Chr.) zum chinesischen Alltag, aber erst während der Tang- und der Song-Dynastie (618–907 n. Chr. bzw. 960–1279 n. Chr.) entwickelten sich elaborierte Zeremonien wie die Gongfu-Cha-Zeremonie (siehe S. 78–83). Der Gelehrte Lu Yu schrieb in der Tang-Dynastie das *Chajing* (Das Buch vom Tee), in dem er Teeanbau, -ernte und -zubereitung detailliert beschrieb. Das Buch war ein Meilenstein in der Geschichte des Tees und verankerte den Genuss fest in der chinesischen Kultur.

TEEZIEGEL
Indem man den Tee zu steinharten Ziegeln presste, schützte man ihn vor Beschädigungen während des Transports auf den langen Handelsrouten.

TEEHÄUSER

Seit der Tang-Dynastie versammelten sich Chinesen aller Schichten in Teehäusern, die Tee und Erfrischungen anboten. Die Häuser standen oft auf oder nah am Wasser, damit die Gäste den Koi-Karpfen zusehen und das Wasser plätschern hören konnten. Das war ein wichtiger Bestandteil des gemeinsamen Erlebnisses.

Die Teehäuser wurden zu Zentren des gesellschaftlichen Lebens mit Kunstausstellungen, Dichterlesungen und sogar Theateraufführungen. In der Quing-Dynastie (1644–1912) wurden regelmäßig Opern über das Leben in den Teehügeln aufgeführt. Eine von ihnen, die Gannan-Teepflücker-Oper, wurde mehr als 300 Jahre lang aufgeführt und beinhaltet Lieder der Teepflücker aus der Provinz Jiangxi, die sie bei der Arbeit sangen.

BAMBUSROHR
Zum Schutz vor Umwelteinflüssen wurde der Tee im alten China auch in Bambusrohren aufbewahrt.

TEE ALS TRIBUT

Im alten China erwarteten die Kaiser als jährliche Abgabe Teeblätter aus der ersten Ernte in den am höchsten geschätzten Gärten. Davon profitierten auch die Bauern, die ihre auf diese Weise vom Kaiserhof geadelten Tees teurer verkaufen konnten.

Aus der Tradition der Tribut-Tees wurde schließlich die bis heute übliche Praxis, jedes Jahr zehn berühmte Tees zu feiern. Die Liste verändert sich nur selten und umfasst vor allem Grüntees, einige Oolongs und einen Schwarztee.

DIE GEGENWART

Nach der Gründung der Volksrepublik China 1949 schottete sich das Land zunächst vollkommen ab. Dadurch blieben traditionelle Teerezepte und Herstellungsmethoden zunächst erhalten. Als die Kulturrevolution der 1960er- und 1970er-Jahre durch das Land fegte, fielen viele Kulturgüter und historische Stätten dem Drang der Kommunisten zum Opfer, das Land von konterrevolutionären Einflüssen zu »reinigen«. Die Auswirkungen auf die Teekultur sind schwer einzuschätzen. Aber das seither neu erwachte Interesse der Chinesen an ihrer reichen Vergangenheit hat auch zu einem Wiederaufschwung des Teekonsums geführt.

SCHMUCKFÄCHER
Männer und Frauen fächelten sich beim Teegenuss mit kunstvoll verzierten Fächern kühle Luft zu.

DIE RENAISSANCE DES TEES

Tee spielt in China weiter eine wichtige Rolle. Taxifahrer haben immer eine Thermoskanne mit grünem Tee im Getränkehalter und Schulen unterrichten Mädchen in der Kunst der Teepräsentation, damit sie einen Job in einem der vielen Teehäuser bekommen können. Die Produzenten entwickeln neue Schwarztees (die in China »rot« genannt werden), um dem westlichen Geschmack entgegenzukommen. 2006 wurde erfolgreich der Jin Jun Mei, ein neuer Lapsang Souchong aus Wuyi, vorgestellt.

Der Teetourismus boomt. Tee-Enthusiasten besuchen in Scharen die Teeklippen der Wuyi-Berge in der Provinz Fujian und die Westsee-Region bei Hangzhou in der Provinz Zhejiang und erkunden die vielen dem Tee gewidmeten Boutiquehotels und Restaurants in Lijiang in der Provinz Yunnan. Hongkong lockt Teefans mit seinem berühmten Milchtee (Rezept siehe S. 176) und dem Flagstaff House. Die einstige Residenz des britischen Militärkommandeurs ist heute ein Teemuseum und zeigt die älteste erhaltene Teekanne der Welt.

PU-ERH-TEE
Der Pu-Erh wurde zu Ziegeln gepresst und in Reispapier eingeschlagen.

BUDDHISTISCHE MÖNCHE BAUTEN ALS ERSTE TEE AN UND GABEN IHR WISSEN WEITER.

DIE GONGFU-CHA-ZEREMONIE

Die Gongfu-Cha-Zeremonie feiert die Zubereitung genauso wie das Produkt. Sie ist eine Hommage an die Zeit und den Aufwand, die eine gute Tasse Tee erfordert. Dabei kommt eine ganze Reihe dekorativer Utensilien zum Einsatz, die alle eine feste Funktion haben.

»Gongfu« oder »Gong Fu« lässt sich mit »Zeit« oder »Aufwand« übersetzen, während »Cha« das chinesische Wort für Tee ist. Die Zeremonie erfordert Geschicklichkeit und wird meist von Frauen durchgeführt, deren sorgsam choreografierte Handbewegungen auf die Ziehzeit und die Zubereitungsschritte abgestimmt sind. Meist kommt beim Gongfu Cha ein leicht fermentierter Tie Guan Yin (Eiserne Göttin der Barmherzigkeit) zum Einsatz, aber man kann auch jeden anderen hochwertigen Tee nehmen.

Es gibt zwei regionale Ausprägungen der Zeremonie. In der vergleichsweise bescheidenen Tradition aus Chaoshan in der Provinz Guangdong wird der Tee direkt auf die Schalen verteilt. Beim Ritual aus den Wuyi-Bergen Fujians wird der vorbereitete Tee in die »Schale der Gerechtigkeit« (Chahai) gefüllt, bevor man ihn auf die Trinkschalen verteilt.

Der Tee wird meistens in einer Yixing-Kanne aufgegossen. Sie besteht aus unglasiertem Ton und nimmt den Teegeschmack an, weshalb diese Kannen nach Möglichkeit nur für eine Teesorte verwendet werden. Zum Servieren sind Porzellan- oder Glasgefäße geeignet.

YIXING-TEEKANNE
Die unglasierte Kanne aus Ton aus Yixing in der Provinz Jiangsu wird mit heißem Wasser ausgeschwenkt, um sie zu reinigen und vorzuwärmen.

TEESIEB
Das Sieb hält die Teeblätter beim Ausschenken zurück.

LÖFFEL
Dient dazu, die Teeblätter in die Kanne zu geben.

DUFTSCHALE
Die kleine Schale dient dazu, das Aroma des Tees zu bewundern.

TRINKSCHALE
Der Tee wird aus der Dufttasse in die Schale des Gastes umgefüllt und getrunken.

TEEFIGUR
Kleine Figur eines Tiers oder einer mythischen Gestalt aus Zisha-Ton, die die Farbe wechselt, wenn man sie mit heißem Wasser übergießt. Soll der Teezeremonie Segen bringen.

BRAUCHWASSER-SCHALE
Nimmt das zum Ausschwenken der Teeschalen gebrauchte Wasser auf.

ZANGE
Dient zum Halten der heißen Duft- und Trinkschalen beim Vorwärmen und Ausschwenken.

TEENADEL
Löst festsitzende Teeblätter in der Tülle der Kanne.

CHAHAI
Der Tee wird zunächst in die »Schale der Gerechtigkeit« gegossen und dann verteilt.

LÖFFEL
Damit werden die nassen Blätter aus der Kanne geholt.

TEETABLETT
Das dekorative Tablett aus Holz oder Bambus, auf dem der Tee zubereitet wird, besitzt Ablaufschlitze und eine Auffangschale für überlaufenden Tee und Wasser.

TRICHTER
Wird auf die Teekanne gesetzt, um die Blätter ohne Verlust in die Kanne zu füllen.

SERVIERTABLETT
Duft- und Trinkschale werden dem Gast auf dem Serviertablett präsentiert.

TEETUCH
Dient während der Zeremonie dazu, die Gefäße auszuwischen und zu halten.

GONGFU CHA ZELEBRIEREN

Die Teezeremonie im Fujian-Stil bezieht Gastgeber und Gast in die harmonischen Bewegungsabläufe ein. Der Chahai, die »Schale der Gerechtigkeit«, mit der der Tee verteilt wird, kommt nur in dieser Zeremonie vor.

1 **Die Gastgeberin gießt** 85 °C heißes Wasser in kreisenden Bewegungen über und in die Yixing-Kanne, um sie vorzuwärmen. Dann gießt sie das Wasser aus der Kanne in die »Schale der Gerechtigkeit«.

2 **Aus der Chaiha wird das Wasser** mit schwenkenden Bewegungen in die Duft- und Trinkschalen umgefüllt, um sie vorzuwärmen. Zum Ausleeren werden die heißen Schalen mit einer Zange gegriffen.

3 **Der Tee wird mit dem Löffel** abgemessen und durch einen Holztrichter in die Kanne gefüllt. Die Kanne wird leicht geschwenkt, um die Blätter zu »wecken«.

4 **Die Gastgeberin gießt heißes Wasser** von weit oben in die Kanne, bis sie überläuft. Dann setzt sie mit einer kreisenden Bewegung den Deckel auf (siehe kleines Bild).

5 **Der Tee wird sofort in die Chahai** und von dort in die Duft- und Trinkschalen umgegossen, um sie warm zu halten. Dann gießt man ihn über die Glück bringende Teefigur (kleines Bild). Der erste Aufguss dient zum Ausspülen und zum Aufwärmen der Gefäße und wird weggegossen.

6 **Die Teeblätter beginnen** sich zu öffnen. Beim ersten Aufguss nach der Spülung gießt man heißes Wasser in und über die Kanne, bis sie überläuft. Der Deckel wird wieder aufgelegt und die Kanne erneut mit heißem Wasser übergossen. Der Tee zieht mindestens 10 Sekunden.

7 **Die Duft- und Trinkschalen** mit der Zange fassen und die Spülung ausgießen. Der Aufguss aus der Chahai wird in die Brauchwasserschale gekippt.

8 **Die Unterseite der Kanne** wird mit einem weichen Tuch getrocknet und der Tee durch ein Sieb in die Chahai gegossen.

9 **Der Tee wird** in einer vor- und zurückschwingenden Bewegung aus der Chahai in die Duftschalen gegossen, die nicht überlaufen sollen.

10 **Die Gastgeberin setzt die Trinkschale** umgedreht auf die Duftschale und dreht beide gekonnt um, damit der Tee in die Trinkschale läuft.

11 **Sie hält die Duftschale fest,** während sie die Trinkschale auf das Serviertablett stellt. Dann hebt sie die Duftschale von der Trinkschale.

12 **Sie präsentiert dem Gast** die Trinkschale zusammen mit der Duftschale. Dann beginnt sie mit dem zweiten Aufguss, der 5 Sekunden länger zieht.

DIE ROLLE DES GASTES

Bevor er sich der Trinkschale zuwendet, hebt der Gast die Duftschale an die Nase, um das Aroma zu genießen. Erst dann trinkt er und lobt den Geschmack.

INDIEN

Traditionell ist Indien für malzige Assamtees und hochwertige Darjeelings bekannt. Inzwischen experimentiert man im Land mit dem Anbau verschiedener Teearten, wie etwa Nilgiri Frost oder grünem Darjeeling.

In Indien angebauter Tee macht etwa 22 Prozent der weltweiten Produktion aus. Der meiste indische Tee wird im Land selbst konsumiert, nur etwa 20 Prozent gehen in den Export. Zu Beginn des 20. Jh. wurde Tee vorwiegend von der Mittel- und Oberschicht getrunken und der Großteil wurde in den Westen exportiert. Erst durch die großflächige Einführung der CTC-Methode (siehe S. 21) in den 1950er-Jahren wurde Tee in Indien allgemein erschwinglich.

Der Anbau im großen Stil begann im 19. Jh. als die Briten auf der Suche nach Alternativen zum Handel mit China in ihrer Kolonie eigene Teeplantagen errichteten. Die Ostindien-Kompanie ließ Samen und Pflanzen aus China ins Land schmuggeln und mit Sträuchern aus Assam kreuzen. Das kühle Klima in Darjeeling ließ die chinesischen Pflanzen gedeihen.

Indien ist für Assamtees und Darjeeling berühmt, bemüht sich aber verstärkt, auch weniger bekannte Tees auf dem Weltmarkt zu etablieren, wie den Nilgiri Frost. Er wird Ende Januar/Anfang Februar gepflückt, wenn die Temperaturen plötzlich unter null fallen, und ist durch den Frost sehr aromatisch. Die Teegärten in Darjeeling bauen außer Schwarztee auch weiße und grüne Teesorten mit frischem, süßem Geschmack an.

PLANTAGEN IN MUNNAR
Um das kleine Bergdorf Munnar in Kerala herum gibt es mehr als 50 Teeplantagen mit einer Fläche von insgesamt 3000 Hektar.

TEE-FAKTEN **INDIEN**

WELTMARKT-ANTEIL: 22,3 %

TEEARTEN: **SCHWARZ,** GRÜN, WEISS

HAUPTERNTEN: **MAI–OKTOBER** IM **NORDEN; GANZJÄHRIG** IM **SÜDEN**

BESONDERHEIT: ERSTES **ANBAUGEBIET** IM BRITISCHEN WELTREICH

HÖHENLAGEN: NIEDRIG BIS HOCH

INDIEN IST DER ZWEITGRÖSSTE TEEPRODUZENT DER WELT.

KANGRA, HIMACHAL PRADESH

In der Region Kangra werden vorwiegend Schwarztees produziert, daneben aber auch kleinere Mengen Grüntee nach chinesischer Methode.

SIKKIM

Der Teegarten Temi wurde in den 1960er-Jahren mit Darjeeling-Kultivaren bepflanzt. Der Tee mit erfrischenden Muskatellernoten ist nur schwach adstringierend.

NILGIRI

In den Nilgiri-Bergen, einer Nebenkette der Westghats im Nordwesten von Tamil Nadu, wird Tee in sehr großer Höhe angebaut.

MUNNAR, KERALA

Munnar liegt in den Bergen des Bundesstaates Kerala im Südwesten Indiens und war zu Kolonialzeiten eine Sommerfrische der Briten. Teeplantagen wurden hier bereits in den 1870er-Jahren angelegt und die Tees ähneln im Charakter denen aus Nilgiri.

Nilgiri Schwarztee hat einen abgerundeten Geschmack und wenig Tannine.

ASSAM

Fruchtbare Böden und Monsunregen machen Assam zur produktionsstärksten Teeregion der Welt. Der von tiefen, kräftigen Aromen geprägte Assamtee macht etwa 50 Prozent der gesamten indischen Teeproduktion aus.

Assam liegt in der nordöstlichen Ecke Indiens und erstreckt sich entlang des fruchtbaren Schwemmlands im Flusstal des Brahmaputra. Die Region liefert überwiegend Massenware für die Teebeutelindustrie, die nach der CTC-Methode (siehe S. 21) produziert wird.

Die fruchtbaren Böden werden durch die Fluten des Monsuns (Mai bis Oktober) gewässert. Gepflückt wird in der heißesten und nassesten Saison von April bis November. Die Temperaturen steigen dann bis auf 38 °C und das Klima entspricht dem in einem Terrarium oder Gewächshaus. First-Flush-Assamtee wird im April geerntet. Die Erntezeit für den Second Flush, der meist für Ostfriesen- oder Nachmittagsmischungen verwendet wird, geht von Mai bis Juni. Einige Produzenten sind dazu übergangen, Assam nach der orthodoxen Methode weiterzuverarbeiten und für den Export ganzblättrigen hochwertigen Tee herzustellen. Dieser Assam wird mit dem Gütesiegel der »geschützten geografischen Angabe« (g.g.A.) ausgezeichnet.

Für die Teegärten Assams wurde sogar eine eigene Zeitzone eingerichtete: Die sogenannte Tea Garden Time oder Bagan Time liegt eine Stunde vor der indischen Standardzeit (IST), damit die Plantagenarbeiter den frühen Sonnenaufgang nutzen können.

DAS TAL DES BRAHMAPUTRA

Der Brahmaputra durchfließt den ganzen Bundesstaat Assam. Sein Flusstal ist in vier Anbauregionen unterteilt: Upper Assam, North Bank, Central Assam und Lower Assam.

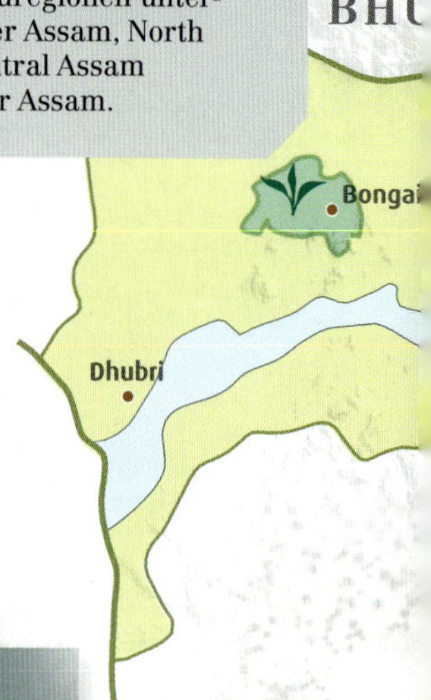

TEE-FAKTEN **ASSAM**

WELTMARKTANTEIL: 13 %

TEEARTEN: **SCHWARZ** (CTC UND ORTHODOX), GRÜN

ERNTE: APRIL–NOVEMBER

BESONDERHEIT: DIE **PRODUKTIVSTE TEEANBAUREGION** DER **WELT**

HÖHENLAGE: **NIEDRIG**

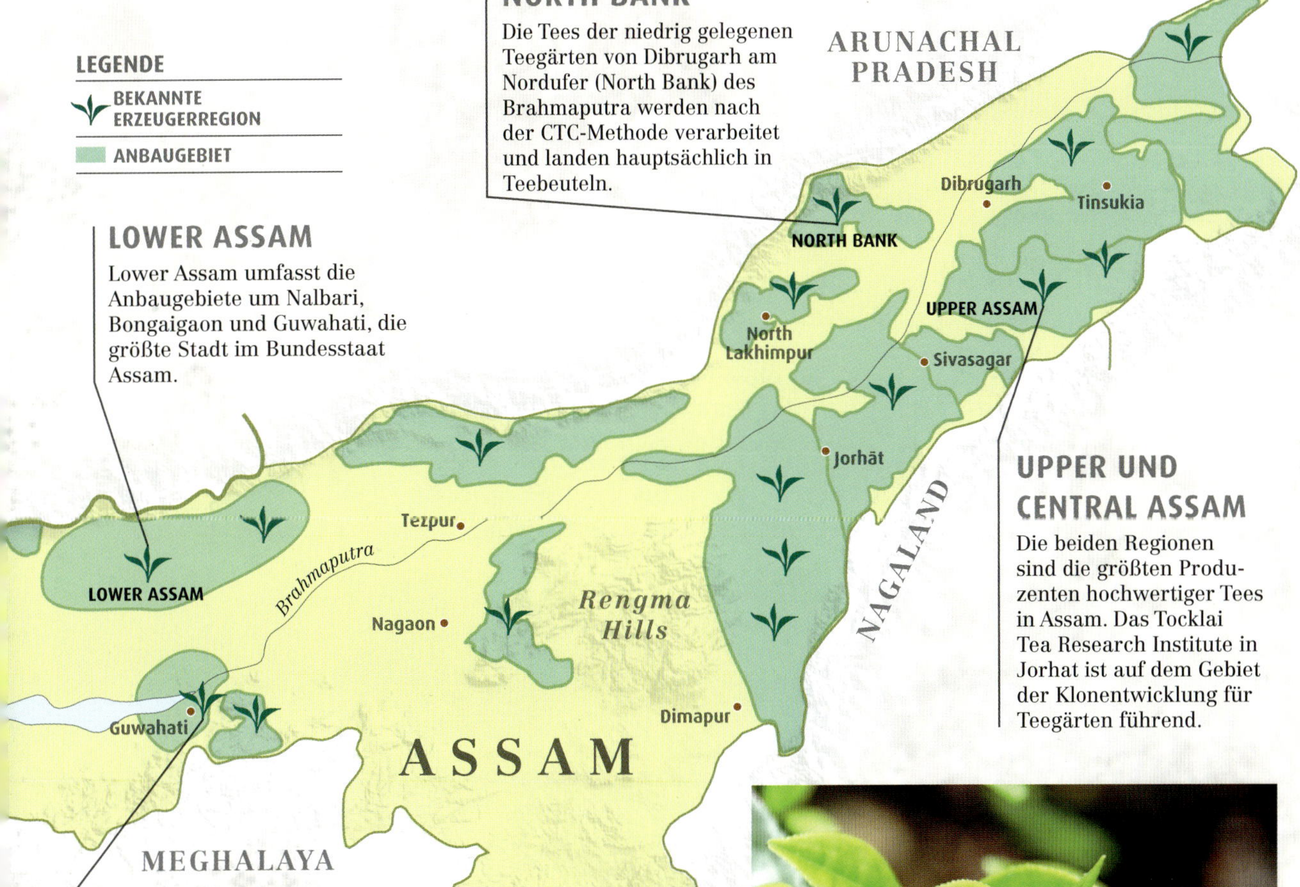

NORTH BANK

Die Tees der niedrig gelegenen Teegärten von Dibrugarh am Nordufer (North Bank) des Brahmaputra werden nach der CTC-Methode verarbeitet und landen hauptsächlich in Teebeuteln.

LOWER ASSAM

Lower Assam umfasst die Anbaugebiete um Nalbari, Bongaigaon und Guwahati, die größte Stadt im Bundesstaat Assam.

UPPER UND CENTRAL ASSAM

Die beiden Regionen sind die größten Produzenten hochwertiger Tees in Assam. Das Tocklai Tea Research Institute in Jorhat ist auf dem Gebiet der Klonentwicklung für Teegärten führend.

GUWAHATI

Ein Großteil der CTC-Tees aus Assam wird auf Auktionen in Guwahati für den heimischen indischen Markt versteigert.

ENTDECKUNGEN IN DER WILDNIS

Die Assam-Teepflanze (*Camellia sinensis* var. *assamica*) wurde 1823 in den Bergen von Upper Assam entdeckt. Später wurde sie als eine Varietät von *Camellia sinensis* klassifiziert, hat aber breitere Blätter als ihre chinesische Verwandte.

Die Second-Flush-Ernte in Assam gilt allgemein als Garantie für besten Geschmack. Viel Wärme und Feuchtigkeit in der Wachstumsphase sorgen für ein reiches Malzaroma.

DARJEELING

Aus der gerade einmal 181 Quadratkilometer großen indischen Region Darjeeling stammt der berühmteste Tee der Welt. Kühle Temperaturen und große Höhe sorgen für hocharomatische Teeblätter, die sehr geschätzt werden.

Darjeeling liegt in Nordindien im Bundesstaat Westbengalen, am Rand des Himalaja. Einige der 87 Teeplantagen der traditionellen Teeregion wurden bereits Mitte des 19. Jh. gegründet.

Darjeeling steuert nur 1,13 Prozent zur gesamten indischen Teeproduktion bei, aber der Tee ist qualitativ hochwertig, weshalb auch die geografische Herkunftsbezeichnung geschützt ist. Doch die Kontrolle ist schwer und so gibt es viele gefälschte Darjeelings, die mit anderen Himalaja-Tees aus umliegenden Regionen aufgefüllt werden. Das Tea Board of India, die offizielle indische Teebehörde, hat ein Siegel für reinen Darjeelingtee eingeführt, das Käufern die Identifizierung erleichtern soll.

In Darjeeling werden sowohl die Varietät *sinensis* als auch Hybriden der Varietät *assamica* angebaut. Die hohen Höhenlagen von 1000–2100 m haben Auswirkungen auf das Aroma des fertigen Tees. Die Blätter wachsen sehr langsam, da sie ständig in kalten Nebel gehüllt sind. Während der Wachstumsperiode gedeihen die Pflanzen bei warmen Tagen und kühlen Abenden. Diese Witterungsbedingungen fördern das intensive Aroma der Blätter.

DIE ERNTE DER BLÄTTER
Der Darjeeling wird dreimal im Jahr, nur von Frauen und von Hand geerntet. Die erste Ernte (First Flush) beginnt Mitte März.

TEE-FAKTEN **DARJEELING**

WELTMARKTANTEIL: 0,36%

TEEARTEN: SCHWARZ, OOLONG, GRÜN, WEISS

BESONDERHEITEN: GESCHÜTZTE GEOGRAFISCHE ANGABE (G. G. A.) UND DARJEELING-SIEGEL

HAUPTERNTEN:
FIRST FLUSH **MÄRZ–APRIL**
SECOND FLUSH **MAI–JUNI**
AUTUMNALS **OKTOBER–NOVEMBER**

HÖHENLAGE: HOCH

Second Flush
Darjeeling bietet komplexe Aromen mit deutlichen Muskatellernoten.

WEST DARJEELING VALLEY

Das West Darjeeling Valley ist die Heimat einiger der ältesten Teegärten in Westbengalen und liegt 2100 m hoch. Das Happy Valley Tea Estate (1854 gegründet) nördlich der Stadt Darjeeling ist die älteste Teeplantage in diesem Anbaugebiet.

TEESTA VALLEY

Aus dem Himalaja kommend, fließt die Tista (Teesta) in dieses enorm artenreiche Tal hinab. Zu seinen berühmten Plantagen zählen unter anderem Samabeong, Teesta Valley Garden und Glenburn, das nahe der Teegärten über ein Urlaubsresort mit denkmalgeschützten Bungalows verfügt.

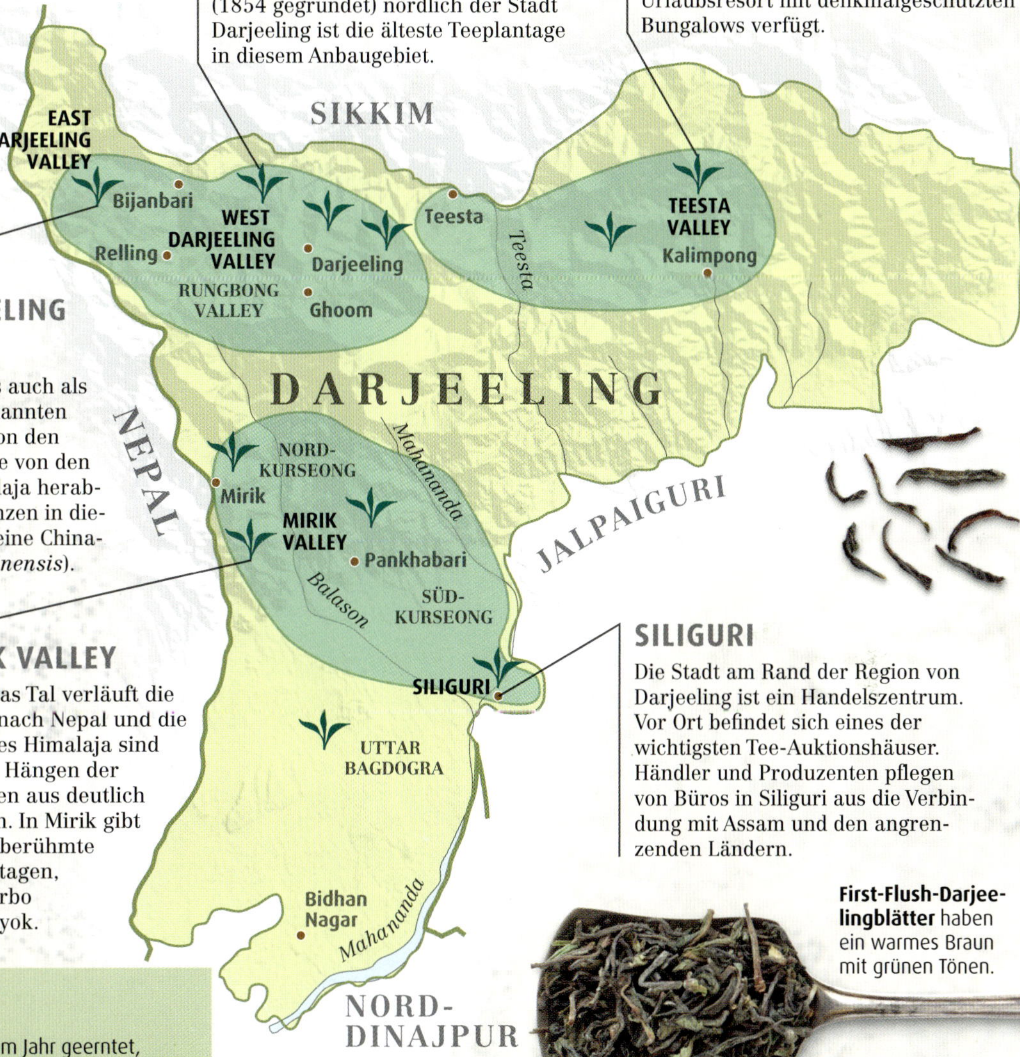

EAST DARJEELING VALLEY

Die Teegärten des auch als Golden Valley bekannten Tals profitieren von den kalten Winden, die von den Bergen des Himalaja herabwehen. Viele Pflanzen in dieser Region sind reine China-Varietäten (var. *sinensis*).

MIRIK VALLEY

Durch das Tal verläuft die Grenze nach Nepal und die Gipfel des Himalaja sind von den Hängen der Teegärten aus deutlich zu sehen. In Mirik gibt es viele berühmte Teeplantagen, wie Thurbo und Seeyok.

SILIGURI

Die Stadt am Rand der Region von Darjeeling ist ein Handelszentrum. Vor Ort befindet sich eines der wichtigsten Tee-Auktionshäuser. Händler und Produzenten pflegen von Büros in Siliguri aus die Verbindung mit Assam und den angrenzenden Ländern.

First-Flush-Darjeelingblätter haben ein warmes Braun mit grünen Tönen.

FLUSH

Tee wird dreimal im Jahr geerntet, mit einer Ruheperiode zwischen den Erntezeiträumen. Jeder »Flush« (Ernte) bzw. jede Blütephase der Pflanzen hat einen bestimmten Charakter. Der First Flush ist am pikantesten, der Second Flush ist komplexer und den Autumnal Flush prägen tiefe Malzaromen.

LEGENDE

- BEKANNTE ERZEUGERREGION
- ANBAUGEBIET

INDISCHE TEEKULTUR

Die Briten begannen 1835 mit dem Teeanbau in Indien. Seitdem ist Tee ein wichtiger Teil der indischen Kultur und Wirtschaft geworden und es haben sich regional verschiedene Bräuche und Traditionen um den in Indien geschätzten Chai gebildet.

TEEANBAU

Tee war in England bereits im 18. Jh. ein geschätztes Getränk. Um den wachsenden Bedarf im britischen Weltreich zu decken und das chinesische Monopol zu brechen, schmuggelte die britische Ostindien-Kompanie Teesamen und Arbeiter aus China nach Nordindien und legte dort Teegärten an. Aber erst Mitte des 19. Jh. brachten die neuen Pflanzen in Darjeeling und Assam erste verwertbare Ernten und Indien wurde zum Teeproduzenten, der England und die britischen Kolonien mit Tee belieferte.

DAS BRITISCHE SYSTEM DER BLATTGRADE

Um einen guten Preis für ihre Tees zu erhalten, führten die Briten das System der Blattgrade für Schwarztees ein, das auf Aussehen und Größe der Blätter nach der Verarbeitung nach der orthodoxen Methode basiert. Die Skala kommt in Indien, Sri Lanka und Kenia bis heute zum Einsatz.

Ungebrochene, unversehrte Blätter sind danach hochwertiger als gebrochene Blätter. Aber es ist nicht ungewöhnlich, dass die Blätter – besonders nach dem Trocknen, wenn sie brüchig sind – in Blattstücke brechen. Um die Blattgrade zu trennen, wird der Tee gesiebt. Sind ganze und gebrochene Blätter aussortiert, bleiben nur noch »Dust« (Staub) und »Fannings« (kleinste Blättchen) zurück. Sie bilden die niedrigsten Blattgrade. Stammen die Fannings allerdings aus hochwertigen Tee-Ernten, können sie in beliebten Schwarzteemischungen Verwendung finden.

Geschmack und Aroma der Blätter und des Getränks bleiben im System der Blattgrade unberücksichtigt. Manche Grade werden als »flowery« bezeichnet, was bedeutet, dass kleine Knospen im Tee vorhanden sind. Andere tragen die Bezeichnungen »golden« oder »orange«, die sich auf helle Blattspitzen (»tips«) oder die Farbe des Aufgusses beziehen.

SORTIERUNG GANZE BLÄTTER

SFTGFOP	Special Fine Tippy Golden Flowery Orange Pekoe (kleinstes ganzes Blatt)
FTGFOP	Fine Tippy Golden Flowery Orange Pekoe
TGFOP	Tippy Golden Flowery Orange Pekoe
GFOP	Golden Flowery Orange Pekoe
FOP	Flowery Orange Pekoe
FP	Flowery Pekoe
OP	Orange Pekoe

SORTIERUNG GEBROCHENE BLÄTTER

GFBOP	Golden Flowery Broken Orange Pekoe
GBOP	Golden Broken Orange Pekoe
FBOP	Flowery Broken Orange Pekoe
BOP1	Broken Orange Pekoe One
BOP	Broken Orange Pekoe
BPS	Broken Pekoe Souchong

ZU BEGINN DES 20. JH. PRODUZIERTE INDIEN FAST AUSSCHLIESSLICH SCHWARZEN TEE.

CHAI

Obwohl der Teeanbau in Indien bereits in den 1850er-Jahren begonnen wurde, wurde der Chai, ein Tee mit Milch und Zucker, erst spät in der zweiten Hälfte des 19. Jh. beliebt, als die britischen Plantagenbesitzer ihn der breiten Öffentlichkeit vorstellten. Das reiche sahnige Aroma von Büffelmilch, die für traditionellen indischen Chai verwendet wird, ist der perfekte Begleiter für die robusten indischen Tees, ganz besonders für Assamtee. Statt der fettreichen Büffelmilch kann man aber auch jede andere Art tierischer Milch verwenden.

»Masalas«, aromatische Gewürzmischungen, sind ein wichtiger Bestandteil der indischen Küche. Heiße Getränke mit Masalas wurden traditionell als Medizin gereicht. Ende des 19. Jh. entstand aus der Kombination dieser Gewürztrunke mit süßem Milchtee das reichhaltige, würzige Getränk Masala Chai (Rezept siehe S. 182/183).

DIE CHAI-PAUSE

Allein die riesige Anzahl an Chai-Verkaufsständen auf Indiens Straßen belegt, wie beliebt das Getränk ist. Ob Büroangestellter oder Arbeiter – zu jeder Tageszeit findet man Menschen, die hier ihren Tee trinken.

KULLARHS

Die »Chai-Wallahs«, Teehändler, brauen ihren Masala Chai mit ihrer eigenen Mischung aus Gewürzen, minderwertigem Schwarztee, Milch und Zucker. Der Chai wird aus großer Höhe langsam eingegossen und meist in kleinen, leicht gebrannten Tontassen, den »Kullarhs«, serviert. Die Gefäße sind biologisch abbaubar und können nach Gebrauch einfach weggeworfen werden. Das ist hygienisch und umweltfreundlich.

GEWÜRZTER CHAI

Der kräftige Geschmack und die intensiven Aromen des Masala Chai stammen von einer Mischung aus verschiedenen Gewürzen wie Gewürznelken, Zimt, Kardamom und Ingwer.

SRI LANKA

Die kleine Inselnation Sri Lanka, die ehemalige britische Kolonie Ceylon, ist für ihre große Auswahl hochwertiger Tees berühmt, die nach traditioneller Methode angebaut und produziert werden.

Das früher Kaffee produzierende Land begann 1869 mit dem Teeanbau, nachdem seine Kaffeeplantagen von einer verheerenden Pilzkrankheit vernichtet wurden. Der exportierte Tee wird heute noch als »Ceylon-Tee« bezeichnet, obwohl die Insel seit 1972 wieder ihren alten Namen trägt.

Der Tee wird hauptsächlich im zentralen Hochland angebaut und je nach Höhenlage der Anbauflächen in drei Gruppen unterteilt: highgrown, mediumgrown und lowgrown. Die zwei Monsunzeiten pro Jahr wirken sich auf die verschiedenen Anbaugebiete unterschiedlich aus. Die wechselnden Winde sorgen für unterschiedliche Mikroklimata, die jeder Teeregion ihren eigenen Charakter verleihen.

Die Teeindustrie hat unter dem langen grausamen Bürgerkrieg gelitten, sich aber in den letzten Jahren gut erholt. Ihre hellen, aromatischen Schwarztees und die weißen Silver Tips werden von Kennern auf der ganzen Welt geschätzt. In Sri Lanka, wo die Teeblätter weiterhin von Hand gepflückt werden, arbeitet über eine Million Menschen in der Teeindustrie.

SRI LANKAS TEEPLANTAGEN
Auf den Hängen der Teeplantagen werden Laubbäume gesetzt, um den Teepflanzen täglich ein paar Stunden Schatten zu spenden.

TEE-FAKTEN **SRI LANKA**

WELTMARKTANTEIL: 7,4 %

BESONDERHEITEN: TEEGÄRTEN UND TEE NACH **BRITISCHER** ART

HAUPTERNTEN: DEZEMBER–APRIL
EINIGE REGIONEN ERNTEN GANZJÄHRIG

TEEARTEN: SCHWARZ, WEISS

HÖHENLAGEN: HOCH, MITTEL, NIEDRIG

SCHWARZE TEES AUS RATNAPURA HABEN EINE CHARAKTERISTISCHE SÜSSE.

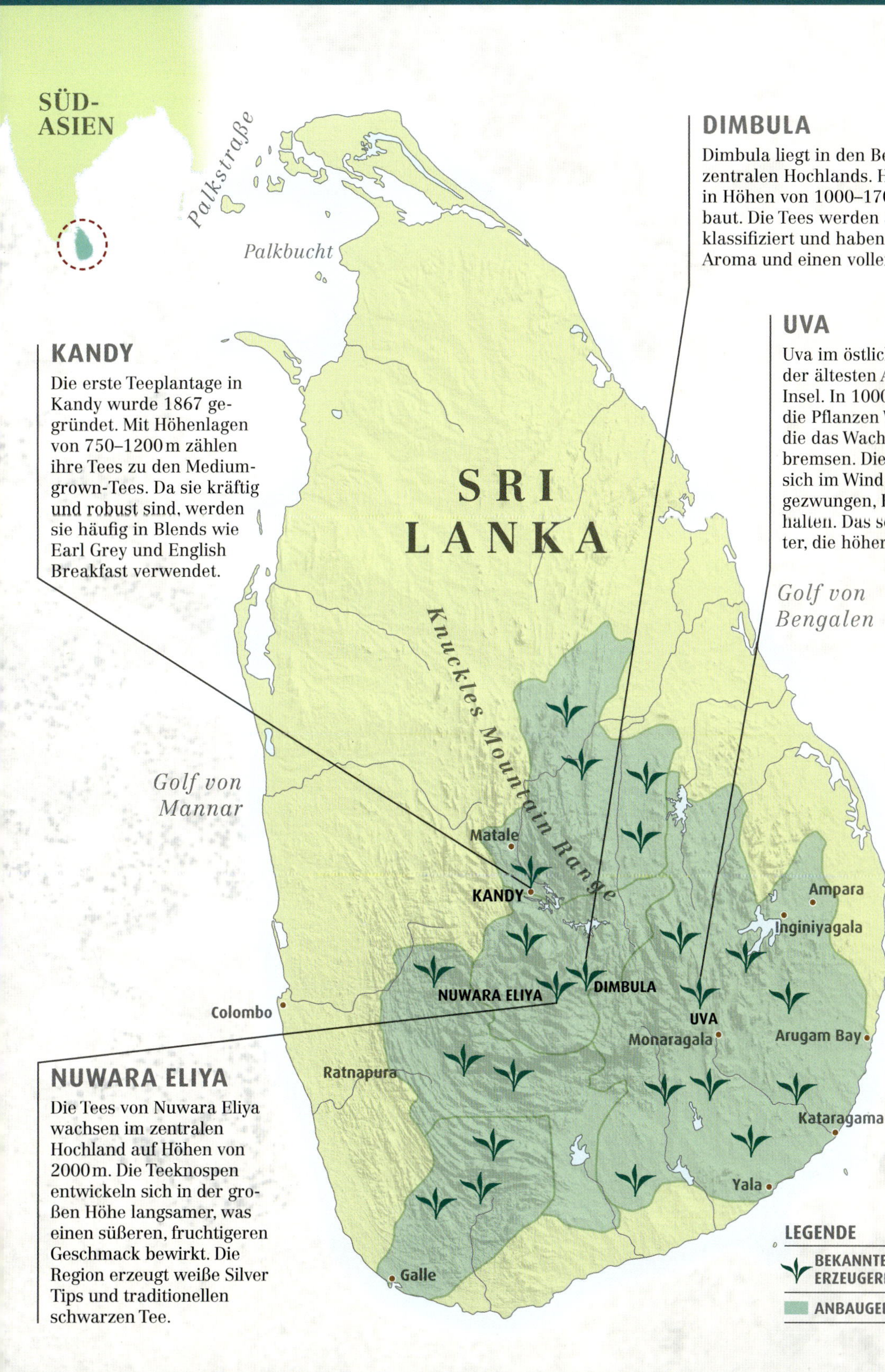

DIMBULA

Dimbula liegt in den Bergen des zentralen Hochlands. Hier wird Tee in Höhen von 1000–1700 m angebaut. Die Tees werden als highgrown klassifiziert und haben ein kräftiges Aroma und einen vollen Körper.

KANDY

Die erste Teeplantage in Kandy wurde 1867 gegründet. Mit Höhenlagen von 750–1200 m zählen ihre Tees zu den Mediumgrown-Tees. Da sie kräftig und robust sind, werden sie häufig in Blends wie Earl Grey und English Breakfast verwendet.

UVA

Uva im östlichen Hochland ist eine der ältesten Anbauregionen auf der Insel. In 1000–1700 m Höhe sind die Pflanzen Winden ausgesetzt, die das Wachstum der Teeblätter bremsen. Die Knospen schließen sich im Wind und die Pflanzen sind gezwungen, Feuchtigkeit zurückzuhalten. Das sorgt für süßere Blätter, die höhere Preise einbringen.

NUWARA ELIYA

Die Tees von Nuwara Eliya wachsen im zentralen Hochland auf Höhen von 2000 m. Die Teeknospen entwickeln sich in der großen Höhe langsamer, was einen süßeren, fruchtigeren Geschmack bewirkt. Die Region erzeugt weiße Silver Tips und traditionellen schwarzen Tee.

Die Teeindustrie macht etwa 2 Prozent der Wirtschaft Sri Lankas aus.

TEEBRÄUCHE IN ALLER WELT

Teerezepte und -traditionen sind von Land zu Land und häufig sogar von Region zu Region verschieden. Ihre Ausprägung hängt unter anderem von der geografischen Lage, verfügbaren Zutaten und örtlichen Ess- und Trinkgewohnheiten ab. Die folgenden drei Regionen besitzen besondere Teerituale.

OSTFRIESLAND

Relativ isoliert an der Nordseeküste von Deutschland gelegen, hat die Region Ostfriesland eine einzigartige Teekultur entwickelt. In diesem Landstrich trinkt man bereits Tee, seit er im 17. Jh. in Europa eingeführt wurde. Ab dem 19. Jh. stellten die Ostfriesen ihre eigene Mischung her und zelebrierten den Teegnuss auf besondere Weise. Beides ist bis heute unverändert. Der Pro-Kopf-Verbrauch an Tee liegt in Ostfriesland heute bei 300 Litern jährlich und ist damit einer der höchsten weltweit.

Es gibt vier Blender in der Region – Bünting, Onno Behrends, Thiele und Uwe Rolf –, die ihren Tee in Hamburg kaufen, dem größten Teehandelsplatz Europas. Sie hüten ihre Rezepte sorgfältig, aber bekannt ist, dass die starken schwarzen Mischungen hauptsächlich Second-Flush-Assam-Blätter und kleine Mengen an Ceylon und Darjeeling enthalten.

In einer Porzellankanne wird mit reichlich Teeblättern ein kräftiger Tee aufgebrüht. Vor dem Eingießen werden Kluntjes, dicke Stücke Kandiszucker, in die Porzellantasse gelegt und mit dem Tee übergossen. Zum Schluss wird etwas Sahne auf den Tee gegeben, aber nicht umgerührt. Der Zucker löst sich langsam auf und süßt auch die folgenden Tassen, während die Sahne eine »Teewolke« erzeugt, die sich langsam auflöst. In den Wintermonaten wird dem Tee mit seinem kräftig malzigen Aroma noch ein ordentlicher Schuss Rum beigefügt.

TEETASSEN
Ostfriesentee wird häufig in kleinen, üppig verzierten Porzellantassen serviert.

MONGOLEI

Als die Mogolen im 13. Jh. China eroberten, tranken sie einen Tee namens »Suutei Tsai«, einen starken Milchtee aus gepresstem Schwarztee, Wasser, Milch, Salz und teilweise mit gerösteter Hirse. Die chinesische Teekultur lehnten sie ab. Ihr tradioneller salziger Schwarztee war eine passende Ergänzung zur mongolischen Ernährung, die im Wesentlichen durch Fleisch, Milchprodukte und Getreide geprägt war.

Da Wasser rar und kostbar war, tranken sie es nicht pur, sondern nutzten es zur Herstellung von Suutei Tsai. Milch von der Kuh-, Yak-, Ziegen-, Stuten-, Schafs- oder Kamelherde der Familie wurde mit Teeblättern, Wasser und Salz gekocht und dann aus großer Höhe mit der Kelle in Teeschalen gefüllt.

Suutei Tsai ist bis heute ein wichtiger Bestandteil der mongolischen Kultur. Man trinkt ihn tagsüber zu verschiedenen Anlässen, wie zum Abschluss eines Geschäfts, um Gäste willkommen zu heißen oder zu Familienfesten. Eine Schale Suutei Tsai abzulehnen, gilt als unhöflich.

TIBET

Auch Tibets Teekultur lässt sich bis ins 13. Jh. zurückverfolgen. Damals handelten die Chinesen entlang der berühmten Tee-Pferde-Straße mit Tee und kauften Pferde. Ein ganzes Netz aus Handelswegen, die mühsam zu bereisen waren, verband die Provinz Sichuan im Südwesten Chinas mit Tibet. Obwohl der Großteil Tibets nicht das richtige Terroir zum Anbau von Tee besitzt, bauen Bauern in der Region Pemagul kleine Mengen Schwarztee an, die zu Teebriketts gepresst werden. Die Tibeter verwenden diesen Tee, der außerhalb des Landes wenig bekannt und kaum erhältlich ist, um den typischen Yakbuttertee, den Po Cha, zuzubereiten.

Für Po Cha wird eine große Menge des Brikett-Tees zerstoßen und bis zu einem halben Tag lang in Wasser gekocht. Dann wird der Tee mit Yakmilch, Yakbutter und Salz in einem *dogmo,* einem langen, hölzernen Butterfass, so lange gerührt und verquirlt, bis er sahnig und hell ist. Der Po Cha wird in Kannen – traditionell aus Metall, heute meist aus Keramik – gefüllt und in großen hölzernen oder Steingutbechern serviert. Es ist üblich, dass der Gast den Tee gemächlich schlürft und den Gastgeber praktisch nach jedem Schluck auffüllen lässt. Für Nicht-Tibeter ist der salzige Po Cha gewöhnungsbedürftig, doch für Tibeter ist er ein wichtiger Bestandteil ihrer Ernährung, der ihnen die im rauen Klima des hoch gelegenen Landes dringend benötigten zusätzlichen Kalorien liefert. Tibetische Nomaden trinken angeblich bis zu 40 Tassen pro Tag.

OSTFRIESEN TRINKEN GEWÖHNLICH DREI TASSEN TEE PRO TEESTUNDE.

PO CHA

Der salzige Yakbuttertee aus Tibet wird auch in Nepal, Buthan und den Himalajaregionen Indiens getrunken.

JAPAN

Die Geschichte des Tees in Japan geht bis ins 12. Jh. zurück. Am bekanntesten sind die japanischen Grüntees. Wegen der hohen heimischen Nachfrage exportiert das Land nur etwa 3 Prozent seiner Produktion.

Der Tee kam um 805 n. Chr. mit Mönchen, die aus China zurückkehrten, nach Japan. Aber erst im 12. Jh. begann man mit dem Anbau. Die ersten Teegärten entstanden in der Gegend um Uji in der Präfektur Kyoto. Heute wächst Tee vor allem auf den Inseln Honshu und Kyushu, wo die Seeluft dem Tee Noten von Meerwasser und Seetang verleiht. Nahezu 75 Prozent des in Japan produzierten Tees werden aus der Yabukita-Varietät gewonnen, die 1954 in der Präfektur Shizuoka gezüchtet wurde. Die Blätter haben ein starkes Aroma und einen intensiven Geschmack. Der Strauch liefert einen hohen Ertrag, verträgt das kühle japanische Klima und eignet sich für die Böden auf den Inseln.

Aufzucht, Ernte und Verarbeitung sind in Japan wegen der hohen Lohnkosten stark mechanisiert. So sieht man auf vielen Plantagen große, strategisch platzierte Ventilatoren, die die Temperatur regulieren und im kalten Frühlingswetter Frost verhindern sollen, indem sie die zarten jungen Blätter unten mit warmer Luft befächern.

Sencha, mit seinen nadelförmigen Blättern, ist der am häufigsten produzierte Grüntee in Japan. Er macht nahezu 80 Prozent der Jahresproduktion aus.

TEE-FAKTEN **JAPAN**

WELTMARKTANTEIL: 1,9 %

TEEART: GRÜN

BESONDERHEITEN: GYOKURO, SENCHA, GENMAICHA, MATCHA

HÖHENLAGE: NIEDRIG

HAUPTERNTE: APRIL–OKTOBER

SUWA-NO-CHAYA-TEEHAUS

Das Teehaus aus der Edo-Zeit (1603–1868) wurde 1912 an diesen Standort auf dem Gelände des Kaiserpalasts versetzt. Es zeigt das traditionelle japanische Formenerbe.

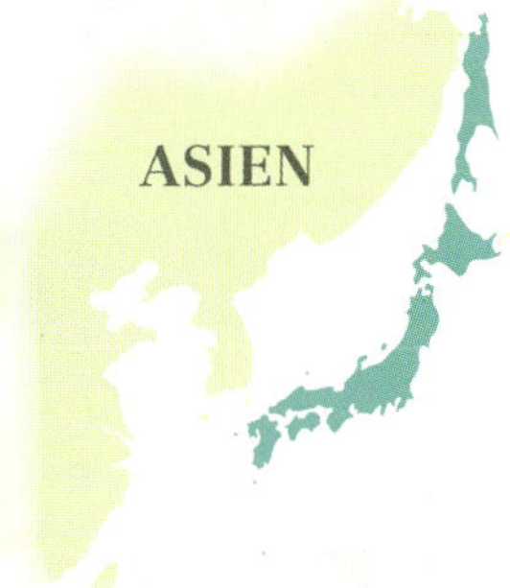

Gyokuro gilt als der edelste grüne Schattentee. »Gyokuro« bedeutet »Jade-Tau«, der Name bezieht sich auf den blassgrünen Aufguss.

DIE ERSTE PFLÜCKUNG EINER NEUEN TEESAISON HEISST SHINCHA.

PRÄFEKTUR KYOTO

Kyoto ist ein altes Anbaugebiet und die Stadt der wichtigste Herkunftsort für Gyokuro und Matcha (die beide zwei Wochen vor der Ernte beschattet werden). Andere Regionen in Zentral-Honshu, Nara und Mie, produzieren Sencha, Bancha und Kabusicha.

PRÄFEKTUR SHIZUOKA

Shizuoka auf der Pazifikseite der Hauptinsel Honshu liefert die Hälfte der gesamten japanischen Teeproduktion. Erzeugt wird vorwiegend Sencha. Das nass-kühle Klima in der Region ist für Sinensis-Sträucher ideal.

PRÄFEKTUR KAGOSHIMA

Kagoshima auf der südlichsten Insel Kyushu umfasst 15 Anbaugebiete und ist für eine große Vielfalt an Grüntees bekannt: Gyokuro, Sencha, Bancha und Kamairicha. Weitere Anbaugebiete auf Kyushu sind Saga, Fukuoka und Miyazaki.

ARACHA

Japan ist berühmt für seine Grüntees, die einen einzigartigen Produktionsprozess durchlaufen. Nach der Ernte werden die Blätter zu einem Rohtee namens »Aracha« gedämpft, gerollt und getrocknet. Den kaufen die Händler auf und lassen ihn von ihren Teemeistern zu verschiedenen Tees »veredeln«, wie z.B. Sencha.

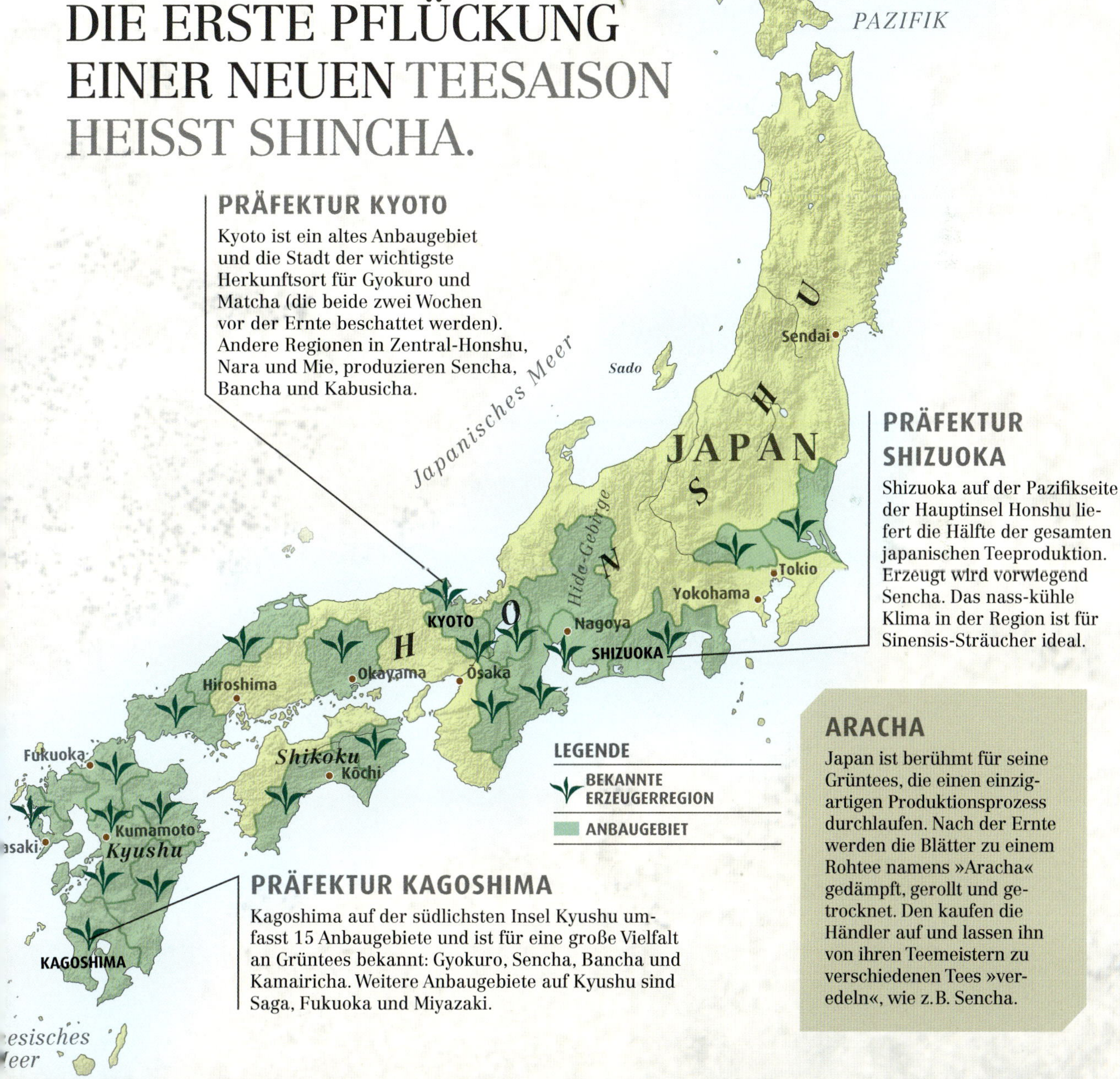

CHANOYU-ZEREMONIE

Chanoyu heißt übersetzt »heißes Wasser für Tee«. Die Zeremonie, die auch Chado, »Weg des Tees«, genannt wird, ist ein meditatives Ritual mit festgelegten Abläufen und soll den Weg zur Erleuchtung weisen.

Die Chanoyu-Zeremonie besteht aus der ritualisierten Zubereitung einer schlichten und reinen Schale Matcha mithilfe spezieller Utensilien.

Es gibt zwei Formen. Die hier gezeigte Chakai ist eine informelle Zusammenkunft, die weniger als eine Stunde dauert. Man serviert Usicha (dünnen Matcha) und Wagashi (Süßigkeiten), deren Süße im Kontrast zu dem bitteren Tee steht. Chaji ist eine formelle Zusammenkunft, die sich über mehrere Stunden erstreckt und bei der Koicha (dicker Matcha) zubereitet und mit einem Vier-Gänge-Mahl, genannt Kaiseki, serviert wird.

Die Zeremonie hat ihren Ursprung im Zen-Buddhismus und wurde im 16. Jh. durch den Teemeister Sen no Rikyū vollendet, der ihr vier Prinzipien zugrunde legte: Harmonie, Respekt, Reinheit und Gelassenheit. In dieser Form wird sie bis heute überall gelehrt.

KENSUI
Nachdem die Chawan ausgespült wurde, gießt man Wasser in die Kensui, die Brauchwasserschale, ab, die während der Zeremonie unbemerkt bleiben soll.

CHAWAN
Für die Jahreszeiten gibt es verschiedene Formen dieser Schalen: flach für den Sommer und tief für den Winter. Sie sind handgefertigt und besitzen eine schlichte und bescheidene Ästhetik (»Wabi« genannt).

CHASEN
Der aus einem einzigen Bambusstück geschnitzte Besen hat am Ende aufgerollte Zinken.

CHAKIN
Weißes Tuch zur rituellen Reinigung der Trinkschale.

FUTA-OKI
Wenn der Deckel des Kama (Kessel) abgenommen wird, legt man ihn auf diese Ablage aus Bambus.

HISHAKU
Lange Bambuskelle, mit der man heißes Wasser aus dem Kama (Kessel) schöpft.

MIZUSASHI

Dieser Topf enthält frisches Wasser, das dann im Kama (Kessel) erhitzt wird. Er kann aus Holz, Steingut oder Porzellan sein.

CHASHAKU

Der oft aus Bambus geschnitzte lange Löffel dient dazu, Matcha aus der Natsume (Teedose) in die Chawan (Teeschale) zu löffeln.

NATSUME

Die Teedose enthält Usucha (dünnes Matchapulver) und kann aus lackiertem oder unlackiertem Holz gemacht sein.

KAMA

Eisenkessel, in dem Wasser aus dem Mizusashi erhitzt wird.

WAGASHI

Die Süßigkeiten werden aus Reismehl, Zucker und Bohnenpaste hergestellt und den Gästen vor dem Tee gereicht. Die Gäste bringen Kaishi (quadratische Papierblätter) und einen kleinen Holzspieß mit, um die Wagashi zu verzehren.

CHANOYU ZELEBRIEREN

Jeder Schritt der japanischen Teezeremonie wird langsam und konzentriert ausgeführt. Der Präsentationsbereich bleibt rein. Gefäße werden abgedeckt und Tücher gefaltet. Wir zeigen eine einfache Version des ehrwürdigen Rituals.

1 **Zu Beginn wird das Fukusa,** des Seidentuch zum Reinigen der Utensilien, gefaltet. Man hält es an zwei gegenüberliegenden Ecken und schlägt die Längsseite ein Drittel um.

2 **Dann schlägt man das Tuch** in die entgegengesetzte Richtung zweimal je ein Drittel um und faltet es das Tuch längs mittig zweimal zur Hälfte.

3 **Die beiden Ränder werden ineinander** oder über das zu reinigende Utensil geschlagen. Die Gastgeberin reinigt in Vorbereitung auf die Zeremonie alle Utensilien rituell vor den Augen der Gäste.

4 **Die Gastgeberin schöpft** mit der Hishaku (Kelle) Wasser aus dem Kama (Kessel) in die Chawan (Teeschale).

5 **Sie prüft den Chasen (Besen)** auf Abnutzungsspuren und gebrochene Borsten und dreht ihn langsam in der Chawan. Nach einem kurzen Aufschlagen nimmt sie den Besen aus dem Wasser. Er ist jetzt eingeweicht, vorgewärmt und sauber.

6 **Sie schwenkt die Chawan aus** und gießt das Wasser in die Kensui ab. Dann trocknet sie die Chawan mit dem Chakin.

7 **Mit dem Chashaku gibt die Gastgeberin** zwei Portionen Matcha in die Chawan.

8 Sie gibt erneut Wasser aus dem Kama in die Chawan, um den Tee zuzubereiten. Die Hishaku ruht auf dem Kama, wenn sie nicht in Gebrauch ist.

9 Sie schlägt den Tee erst langsam, dann schneller mit einer »W«-förmigen Bewegung auf, bis sich Schaum bildet.

10 Die Gastgeberin setzt die Chawan auf ihre Handfläche und dreht sie zweimal im Uhrzeigersinn, bis das Ornament auf der Schale zum Gast zeigt.

11 Die Gastgeberin stellt die Chawan vor dem Gast ab und verneigt sich. Während der Teezeremonie wird die traditionelle kniende Sitzhaltung eingenommen.

DIE ROLLE DES GASTES

Der Gast verbeugt sich vor der Gastgeberin und dreht die Chawan zweimal im Uhrzeigersinn, bis das Ornament zur Gastgeberin zeigt.

Der Gast trinkt den Tee mit drei Schlucken. Der letzte Schluck darf geschlürft werden, um die hohe Qualität des Tees zu würdigen.

Der Gast reicht die geleerte Schale an die Gastgeberin zurück.

RUSSISCHE TEEKULTUR

Der Tee kam im 17. Jh. aus China nach Russland, wo man ihn traditionell mit im Samowar erhitztem Wasser aufbrüht. Heute gilt Tee sogar als russisches Nationalgetränk.

Der erste Tee gelangte 1638 als Geschenk der Mongolen an Zar Michael I. nach Russland. Jahrzehnte später probierten die Russen Tees aus China und unterzeichneten 1679 einen Handelsvertrag über den Tausch von Tee gegen Tierpelze.

In den 1870er-Jahren importierte Russland regelmäßig losen Tee und Teeziegel aus China und Tee wurde zu einem festen Bestandteil des russischen Alltags. Beim Tee wurden Hochzeiten arrangiert, Geschäfte abgeschlossen und Fehden beigelegt.

Die Zubereitung erfolgte in einer Teemaschine namens »Samowar« (Selbstkocher), die aus einem beheizbaren Wasserkessel und einer kleinen Teekanne bestand. Aus 5 TL Teeblättern pro Tasse Wasser wurde ein sehr starker Teeaufguss angesetzt, die »Sawarka«, und in dem Kännchen, dem »Tschainik«, zum Warmhalten auf den Samowar gesetzt.

Die Dame des Hauses schenkte die Sawarka in Teegläser aus und verdünnte sie nach Wunsch der Gäste mit heißem Wasser aus dem Samowar. Der Tee wurde meist schwarz oder mit Zitrone getrunken und mit Konfitüre, Honig oder Zucker gesüßt. Dazu reichte man »Syrniki«, dicke Quarkteigklöße mit Konfitüre, und kleine Teeküchlein aus gemahlenen Nüssen, Butter und Mehl, die mit Puderzucker bestäubt waren.

Die heißen Teegläser saßen in Haltern aus Metall, den »Podstakanniki«, damit die Gäste ihren Tee heiß genießen konnten, ohne sich die Finger zu verbrennen. Heute noch wird in Russland zu gesellschaftlichen Anlässen Tee getrunken. Meist wird loser Tee serviert, der traditionelle Samowar kommt im Alltag nur noch selten zum Einsatz. Aber er bleibt ein Symbol, das in der russischen Gesellschaft für Wärme, Gemütlichkeit und Beisammensein steht.

SAMOWAR
Aus dem Gebrauchsgegenstand wurde mit der Zeit ein Kunstwerk.

In russischen Haushalten werden Podstakanniki kaum noch verwendet, aber beim Teeausschank im Zug sind sie bis heute in Gebrauch.

TAIWAN

Die Insel Taiwan hat eine kurze, aber beeindruckende Teegeschichte und ist für hochwertige Oolong-Tees wie Tie Guan Yin und Ali Shan bekannt, die den Großteil der Produktion ausmachen.

Taiwan, das frühere Formosa, wurde in der Quing-Zeit 1683 von den Chinesen erobert und Teil der chinesischen Provinz Fujian. Umsiedler aus der Bergregion von Wuyi brachten ihr Fachwissen mit und pflanzten auf den fruchtbaren Berghängen Taiwans Tee an. Da es zu der Zeit keine Produktionsanlagen im Land gab, schickte man den Tee zur Verarbeitung nach Fujian.

1868 beteiligte sich der britische Händler John Dodd am Aufbau einer Teefabrik in Taipeh, die Herstellung und Export vereinfachte und Tee aus Formosa weltweit bekannt machte. Taiwan ist zwar vor allem für seine Oolongs aus den Bergen berühmt, produziert aber viele verschiedene Sorten halb fermentierter Tees, die in die ganze Welt verschifft und auch im eigenen Land geschätzt werden.

Die taiwanischen Oolongs schmecken je nach Jahreszeit unterschiedlich. Im Frühjahr geerntete Hochlandtees besitzen ausgeprägte blumige und fruchtige Noten, während die Winterernte eher körperreich und aromatisch duftend ist. Die Herstellung von fermentiertem Oolong ist mit mehr als zwei Tagen besonders zeitaufwendig. Der Prozess umfasst bis zu zehn Arbeitsschritte, ehe der Tee versandfertig ist.

ERNTE
Die frischen Knospen und jungen Blätter der Premium-Tees Taiwans werden in der Regel von Hand gepflückt.

TEE-FAKTEN **TAIWAN**

WELTMARKT-ANTEIL: 0,6%

TEEARTEN: OOLONG, SCHWARZ, GRÜN

BESONDERHEIT: HOCHLAND-OOLONGS

ERNTEN: 5 ERNTEN PRO JAHR APRIL–DEZEMBER

HÖHENLAGEN: MITTEL BIS HOCH

80 PROZENT DES AUF TAIWAN ANGEBAUTEN TEES KONSUMIERT DIE BEVÖLKERUNG SELBST.

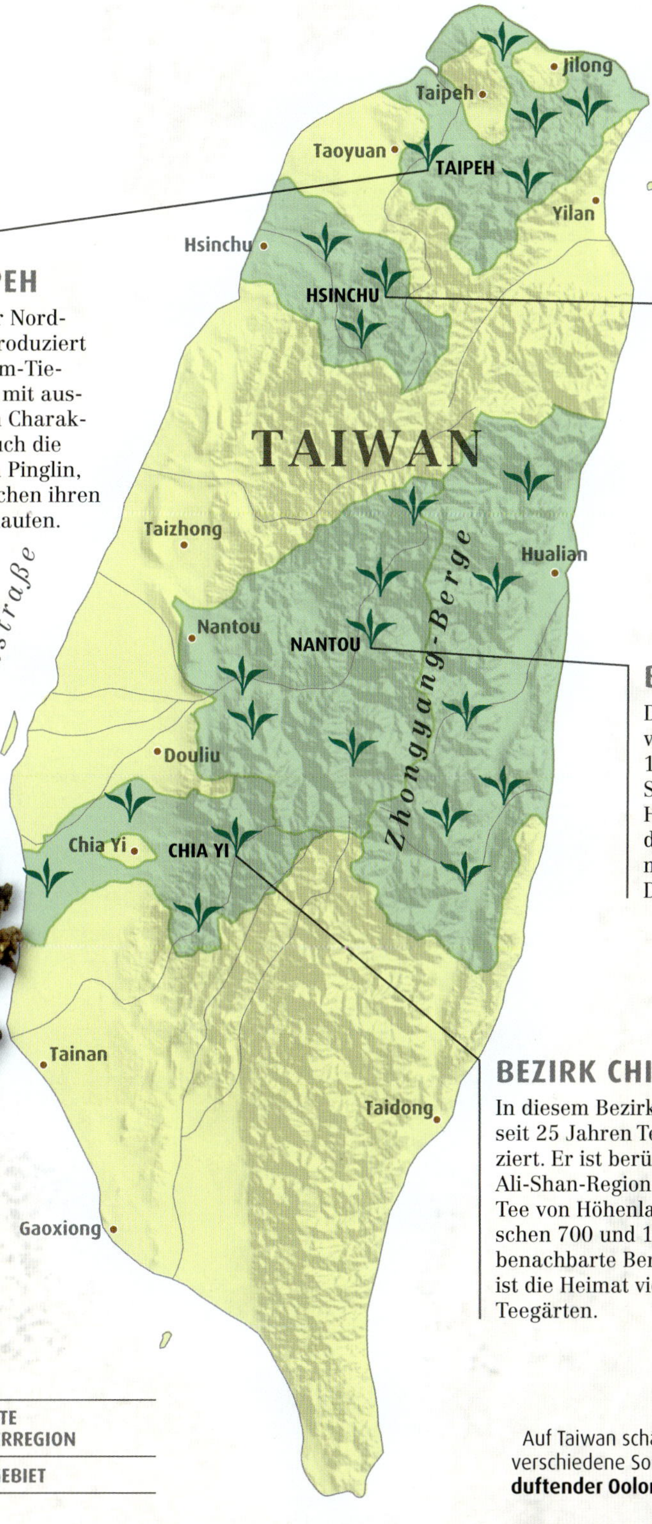

Ali-Shan-Oolong

BEZIRK TAIPEH

Die Region an der Nordspitze der Insel produziert vor allem Premium-Tie-Guan-Yin-Oolong mit ausgeprägt nussigem Charakter. Hier liegen auch die Teeplantagen von Pinglin, wo die Einheimischen ihren Tee am liebsten kaufen.

BEZIRK HSINCHU

Der Bezirk im Norden ist für seinen Bai Hao (Orientalische Schönheit) bekannt. Der Teestrauch lebt in Symbiose mit einem Insekt, dessen Bisse die Produktion eines Enzyms in den Blättern auslösen. Das Enzym schützt das Blatt nicht nur, es verleiht dem Tee auch einen einzigartigen süßen, blumigen Geschmack.

BEZIRK NANTOU

Die zentral gelegene Region war die erste, in der im 19. Jh. Tee angebaut wurde. Sie erzeugt mehr als die Hälfte der Gesamtproduktion des Landes und ist die Heimat des berühmten Bergtees Dong Ding.

Der leicht fermentierte **Ali-Shan-Oolong** wächst im Nebel an den höchsten Bergen Taiwans, dem Ali-Shan-Gebirge in der Region Chia Yi.

BEZIRK CHIA YI

In diesem Bezirk wird erst seit 25 Jahren Tee produziert. Er ist berühmt für die Ali-Shan-Region und liefert Tee von Höhenlagen zwischen 700 und 1700 m. Der benachbarte Berg Yu Shan ist die Heimat vieler kleiner Teegärten.

Auf Taiwan schätzt man verschiedene Sorten **süß duftender Oolong-Tees.**

TRINKGEFÄSSE AUS ALLER WELT

Trinkgefäße für Tee gibt es in allen Formen, Größen und Materialien. Die Gestaltung ist eng mit Tradition und Kultur, aber auch mit zeitgenössischen Trends verbunden und das Design gehört zum Teegenuss.

JAPANISCHE CHAWAN

Die Chawan (Teeschale) wird aus glasiertem Ton gebrannt und ist oft mit ungewöhnlichen Motiven verziert. Bei der Teezeremonie Chanoyu (siehe S. 98–103) achtet die Gastgeberin darauf, dass das Ornament dem Gast zugewandt ist.

TIBETANISCHE TEESCHALE

Der tibetanische Buttertee Po Cha wird in einer bauchigen Schale serviert. Dank der weiten Öffnung kann man das dem Tee oft beigegebene Getreide leicht löffeln.

RUSSISCHES TEEGLAS MIT HALTER

In Russland wird Tee traditionell in einem Glasbecher serviert, der in einem verzierten Halter mit Henkel steckt. Der Podstakannik schützt die Hände vor Hitze und sorgt dafür, dass das Glas sicher steht.

PORZELLANTASSE MIT UNTERTASSE

Tasse und Untertasse sind typisch für die europäische Teekultur. Im 16. und 17. Jh. musste man Porzellan noch aus China importieren (daher der englische Begriff »China« für Porzellan). Erst im 18. Jh. konnten die Europäer selber Porzellan herstellen, nachdem ein China bereisender Jesuit das Rezept nach Frankreich geschmuggelt hatte.

INDISCHER KULLARH

Der schlichte Einwegbecher aus Ton wird von den Straßenverkäufern in Indien genutzt. Im Handel gibt es auch aufwendig verzierte Versionen, in deren Dekor Tradition und Moderne zusammenfinden.

TÜRKISCHES TEEGLAS MIT UNTERTASSE

Das tulpenförmige Glas fasst man am ausgestellten oberen Rand an, um sich nicht die Finger zu verbrennen. Es bringt zudem die satte Bernsteinfarbe des Tees gut zur Geltung.

MAROKKANISCHE TEEGLÄSER

Die für marokkanischen Minztee verwendeten dekorativen Teegläser gibt es in ganz unterschiedlichen Dekors und Farben.

CHINESISCHE TEESCHALE

In China verwendet man kleine Schalen, die dazu anregen, edle Tees in kleinen Schlucken zu genießen. Sie sind meistens aus Porzellan und zum Teil mit Erdfarben oder traditionellen blau-weißen Mustern glasiert.

TEEBECHER

Der in Großbritannien und den USA beliebte Becher ist aus Porzellan oder Steingut und fasst meist eine größere Menge Tee, sodass man nicht sofort nachschenken muss.

SÜDKOREA

Korea exportiert nur sehr wenig von seinen zarten und köstlichen Tees, aber es lohnt sich, nach ihnen zu suchen. Jedes Jahr kommen Reisende in Scharen zu den Teefesten, die die neuen Frühlingstees feiern.

828 n.Chr. gelangten Teesamen aus China nach Korea und wurden am Berg Jiri in der Provinz Süd-Gyeongsang gepflanzt. So nahm eine blühende Teekultur ihren Anfang. Als im 16.Jh. Japan das Land besetzte, wurden viele Gärten zerstört. In diesen und späteren Zeiten der Umwälzung hielten Mönche und Gelehrte die Teekultur an abgelegenen Orten lebendig. Erst in den frühen 1960er-Jahren erwachte das Interesse am Tee neu und neue Teegärten wurden angelegt.

Nahezu der gesamte Tee wird im bergigen Südteil der Halbinsel angebaut, wo er frische Seeluft von der Koreastraße und vom Japanischen Meer genießt.

Das Gros der Produktion ist Grüntee, der nach dem Mondkalender gepflückt wird. Der Ujeon der ersten Ernte Mitte April schmeckt süß und weich. Sejak wird Anfang Mai geerntet und besitzt weiche, aber ausgeprägtere Noten. Jungjak, die letzte Ernte Mitte/Ende Mai, hat einen leuchtend jadegrünen Aufguss und einen sehr süßen Geschmack. Einige Kleinproduzenten erzeugen zusätzlich einen gereiften Schwarztee namens Balhyocha mit Malz-, Steinfrucht- und Tannennoten.

BOSEONG
Üppige Reihen von Teesträuchern in Boseong. Die Gegend gilt als Zentrum des koreanischen Teeanbaus und ist ein beliebtes Reiseziel.

TEE-FAKTEN **SÜDKOREA**

WELTMARKT-ANTEIL: **0,1%**

HÖHENLAGE: **MITTEL**

ERNTE: **MITTE APRIL–ENDE MAI**

BESONDERHEIT: FRÜHLINGS-TEEFESTE

TEEARTEN: **GRÜN, MATCHA, GEREIFTE SCHWARZTEES**

Getrockneter koreanischer Tee wartet in Bambuskörben auf die Weiterverarbeitung.

KOREANISCHE GRÜNTEES WERDEN GERÖSTET.

PROVINZ SÜD-GYEONGSANG

An den Hängen des Bergs Jiri wird grüner Tee angebaut und produziert. Nach der Ernte werden die Blätter bei starker Hitze in Woks fixiert, um eine Fermentation zu verhindern. Danach sind sie biegsam und werden auf Reismatten zu Spiralen gerollt und in Trommeltrocknern getrocknet. Die Gärten der Region produzieren im Jahr rund 600 Tonnen Tee.

PROVINZ SÜD-JEOLLA

Die Region ist nicht ganz so gebirgig wie Süd-Gyeongsang und wird ganzjährig von Teetouristen besucht. Mehr als 1000 kleine Farmen bauen auf 1063 Hektar Fläche Tee an, viele arbeiten rein handwerklich. Die berühmten Daehan-Dawon-Teefelder sind für viele Koreaner ein Reiseziel. Dieser produzierende Betrieb blickt über eine sanfte Hügellandschaft und ist ganzjährig für Besucher geöffnet.

JEJU

Auf der kleinen Insel produzieren 84 Gärten auf zusammen 341 Hektar Anbaufläche Tee. Den Großteil konsumieren die Südkoreaner selbst, aber rund 90 Tonnen werden nach Nordamerika exportiert.

LEGENDE

- BEKANNTE ERZEUGERREGION
- ANBAUGEBIET

DIE KOREANISCHE DARYE

Die Zeremonie kommt aus dem Zen-Buddhismus. Sie ist schlicht, aber förmlich und feiert die einfachen Dinge im Leben. Diese Philosophie spiegelt sich auch in den klaren Linien und der neutralen Gestaltung des Teegeschirrs.

Die heutige Form der koreanischen Teezeremonie ist stark von dem Teemeister Hyo-dang geprägt, der 1973 ein Buch schrieb, das weite Verbreitung fand. In »Die koreanische Teekultur« beschreibt er, wie Tee am besten zubereitet wird, insbesondere der grüne Panyaro-Tee, der in der Zeremonie verwendet wird. »Panyaro« bedeutet »Tau der erleuchtenden Weisheit« und bezieht sich auf den spirituellen Gewinn, den die Bereitung verspricht. Hyo-dang gründete auch die Koreanische Vereinigung des Wegs des Tees, die es sich zur Aufgabe macht, die traditionellen Gepflogenheiten bei Zubereitung und Genuss des heimischen Tees zu bewahren.

ZANGE
Mit der Holzzange gibt man die Teeblätter aus der Teedose in die Kanne.

HOLZUNTERSETZER
Die Schale wird dem Gast auf einem Untersetzer übergeben.

TEETUCH
Das kleine Baumwolltuch wird quadratisch gefaltet und dient zum Halten der Schalen und von anderem Geschirr.

BRAUCHWASSERSCHALE
Das Wasser zum Vorwärmen der Teeschalen wird in die große Keramikschüssel abgegossen.

»DARYE« HEISST SO VIEL WIE TEE-ETIKETTE.

Die Darye ist eng mit dem Zen-Buddhismus und seinen Prinzipien der Schlichtheit verbunden. Die Koreaner nutzen sie, um in der Hektik des Alltags zu entschleunigen.

Die Schlichtheit des Geschirrs ist Teil der Ästhetik der Zeremonie. Auf Dekor wird meist verzichtet, gedämpfte Farben und Funktionalität stehen im Vordergrund.

LEINENTUCH
Wird auf dem Tisch ausgebreitet, bevor das Geschirr darauf platziert wird.

ABLAGE FÜR DEN DECKEL
Während man Wasser oder Teeblätter in die Kanne gibt, wird der Deckel auf diesem Halter abgelegt.

ABKÜHLSCHALE
Die kleine Tülle im Rand der mittelgroßen Keramikschale erleichtert das Ausschenken.

TAGWAN
Teekanne, die meist einen hohlen seitlichen Griff besitzt.

TEEDOSE
Eine Keramikdose mit Deckel enthält den grünen Tee.

KERAMIKSCHALEN
Im Sommer verlangt die Zeremonie »Katade«, weite, flache Schalen, in denen der Tee schnell abkühlt. Im Winter nimmt man höhere Schalen, »Irabo«, die die Wärme länger halten.

DARYE ZELEBRIEREN

Bei der koreanischen Teezeremonie geht es um Einfachheit. Die präzisen und anmutigen Bewegungen der Gastgeberin sind Teil der Ästhetik.

1 **Die Gastgeberin gießt heißes Wasser** in die Abkühlschale. Sie fasst die Schale mit beiden Händen und mit dem Teetuch, das alle Tropfen auffängt, und gießt das Wasser in die Kanne.

2 **Dann gießt sie das Wasser aus der Kanne** in die Schalen, um diese vorzuwärmen. Sie beginnt dabei mit der Schale des Gastes.

3 **Sie füllt erneut heißes Wasser** in die Abkühlschale und nimmt den Deckel der Teekanne ab.

4 **Sie öffnet die Teedose (kleines Bild),** greift mit der Zange vier Prisen Teeblätter und gibt sie in die Teekanne.

5 **Die Gastgeberin gießt** mit beiden Händen Wasser aus der Abkühlschale in die Kanne, setzt den Deckel auf (kleines Bild) und lässt den Tee 2–3 Minuten ziehen.

6 **Sie leert das Wasser** aus den Teeschalen in die Brauchwasserschale.

7 **Die Gastgeberin schenkt** einen Schluck Tee aus, um zu festzustellen, ob er für den Gast trinkbereit ist.

8 **Die Gastgeberin schenkt den Tee** zuerst in die am weitesten von ihr entfernte Schale ein und kehrt dann schrittweise zu ihrer Schale zurück. Sie füllt die Schalen nur zur Hälfte und pausiert nach jeder Schale einige Sekunden.

9 **Jetzt beginnt die Gastgeberin mit ihrer eigenen Schale** und füllt der Reihe nach bis zur entferntesten die Schalen drei Viertel voll. Auf diese Weise wird der Tee gleichmäßig und gleich stark verteilt.

10 **Sie stellt die Schale** des Gasts auf einen Holzuntersetzer.

11 **Zum Abschluss setzt sie die Schale** auf einem Serviertablett vor dem Gast ab.

DIE ROLLE DES GASTES

Der Gast hält die Schale beidhändig etwa vor der Mitte des Körpers. Dann hebt er sie zum Mund und nimmt drei Schlucke. Beim ersten erfreut er sich an der Farbe des Tees, beim zweiten am Aroma und beim dritten am Geschmack.

TÜRKEI

Das Klima in der Türkei ist für den Teeanbau gut geeignet. Im Land gilt Tee als Nationalgetränk. Die Türken trinken im Schnitt am Tag zehn Tassen »Çay«, den traditionellen starken und süßen Schwarztee.

Die Anbauflächen liegen in der Provinz Rize im Nordosten des Landes zwischen dem Pontus-Gebirge und dem Schwarzen Meer. Mit hohen Temperaturen und gleichmäßig über das Jahr verteilten Niederschlägen ist das feuchte, subtropische Klima in der Region für den Teeanbau ideal und die kühleren Nachttemperaturen erlauben den Verzicht auf Pestizide.

Die Provinz Rize ist ländlich geprägt und war vor dem Teeanbau in den 1940er-Jahren wirtschaftlich arm. Seitdem haben sich die Teegärten entlang der Schwarzmeerküste ausgebreitet. Die türkische Teeindustrie produziert heute fast so viel Tee wie Sri Lanka, das hat starke Auswirkungen auf die lokale Wirtschaft. Nur 5 Prozent des im Land angebauten Tees werden exportiert und die Regierung erhebt einen Importzoll von 145 Prozent auf Teeimporte.

Die Türkei ist eines der wenigen Länder außer Italien, in denen die Zitruspflanze Bergamotte angebaut wird, ohne die es keinen Earl-Grey-Tee gäbe.

TEE-FAKTEN **TÜRKEI**

WELTMARKT-ANTEIL:
4,6%

TEEART:
SCHWARZ (CTC)

ERNTE:
MAI–OKTOBER

BESONDERHEITEN:
HOHER INLANDSKONSUM
ANBAU OHNE PESTIZIDE

HÖHENLAGE:
MITTEL

BASARHÄNDLER SERVIEREN IHREN KUNDEN TEE, UM EINE FREUNDLICHE ATMOSPHÄRE ZU SCHAFFEN.

PROVINZ RIZE

An den Hängen der Schwarzmeerküste wird der Tee mit großen Handscheren geerntet, nicht gepflückt. Die Tagesernte beginnt frühmorgens und endet am frühen Abend. Die Blätter werden zum Großteil an staatliche Fabriken verkauft und dort nach der CTC-Methode verarbeitet (siehe S. 21).

TÜRKISCHER TEE

Türkischer Tee wird im »Çaydanlık«, zwei übereinanderstehenden Teekannen, zubereitet. In der unteren, größeren Kanne wird Wasser gekocht und heiß gehalten, in der oberen ein konzentrierter Aufguss hergestellt und warm gehalten. Der wird in tulpenförmige Gläser ausgeschenkt und mit dem heißen Wasser auf die gewünschte Stärke verdünnt. Traditionell serviert man türkischen Tee schwarz und mit mehreren Zuckerwürfeln.

Türkischen Schwarztee trinkt man entweder »koyu«, stark und dunkel, oder »açik«, dünn und hell.

VIETNAM

Das Monsunklima in Vietnam sorgt für perfekte Bedingungen für den Teeanbau. Die Ernten fallen üppig aus und machen das Land zum sechstgrößten Produzenten der Welt.

Der einheimische wilde Teebaum »Shan« wächst bereits seit mindestens 1000 Jahren in Vietnam, aber erst in den 1820er-Jahren legten französische Siedler die ersten Teeplantagen an. Während der turbulenten Jahre nach dem Zweiten Weltkrieg ging die Produktion stark zurück, sie hat sich aber mittlerweile erholt. Im Norden wachsen einige regionale Spezialitäten, wie Ha Giang und Shan Tuye. Die Tees werden von der Vietnam Tea Association (VITAS) weltweit vermarktet, das soll den Bauern höhere Einnahmen sichern. Die Produzenten stellen ihre Tees meist nach der orthodoxen Methode her, nutzen aber gelegentlich auch die CTC-Methode (siehe S. 21).

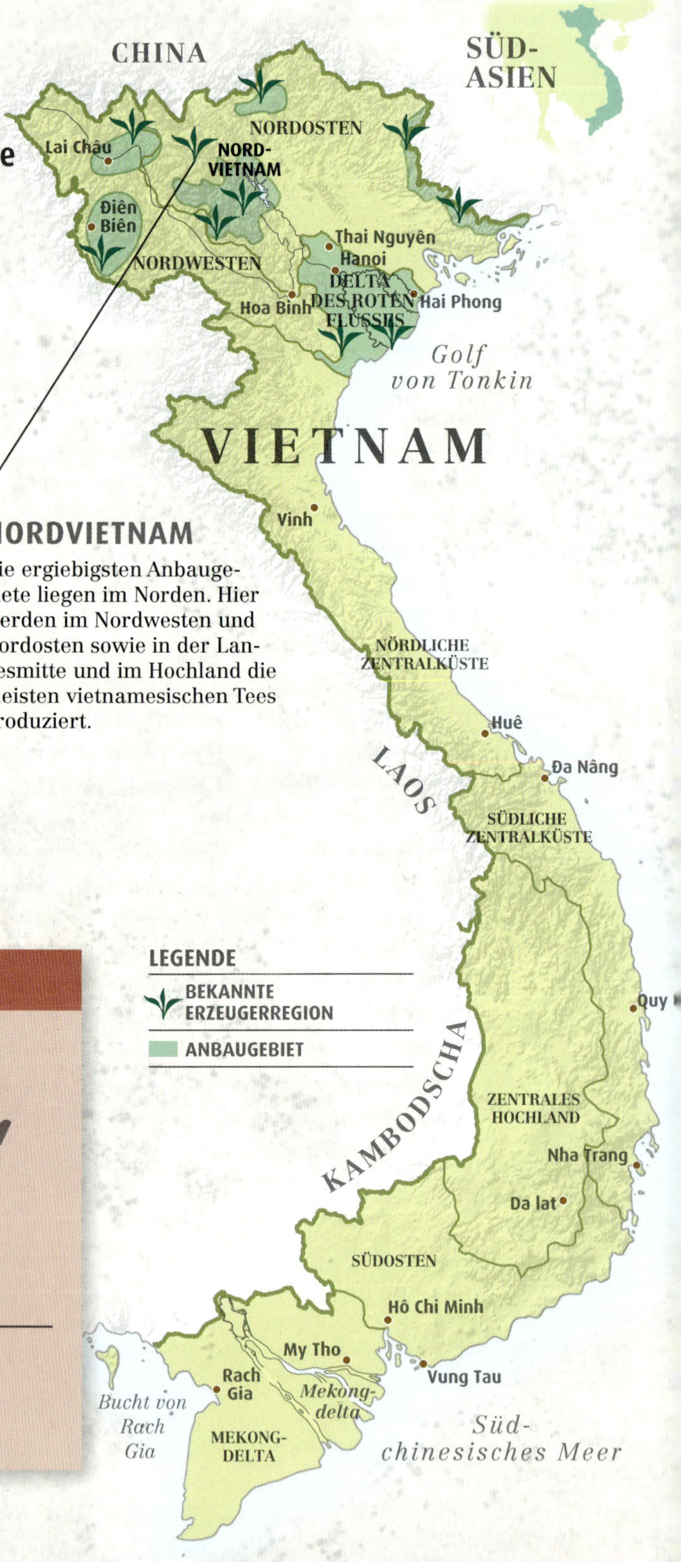

NORDVIETNAM

Die ergiebigsten Anbaugebiete liegen im Norden. Hier werden im Nordwesten und Nordosten sowie in der Landesmitte und im Hochland die meisten vietnamesischen Tees produziert.

TEE-FAKTEN **VIETNAM**

WELTMARKTANTEIL: 4,8%

BESONDERHEIT: EINHEIMISCHE **GEWÄCHSE**

TEEARTEN: **GRÜN,** LOTOSBLÜTE, SCHWARZ

HÖHENLAGE: MITTEL

ERNTE: **MÄRZ–OKTOBER**

NEPAL

Im zerklüfteten Terrain Nepals gedeihen an der kalten Bergluft geschmackreiche, komplexe Tees. Meistens wird Schwarztee angebaut, aber auch grüne, weiße und Oolongs werden produziert.

Nepals Teeproduktion ist noch jung. Es existieren etwa 85 Plantagen und mehrere kleine Estates. Die meisten Produzenten sind Kleinbauern, die ihre Ernte an zentrale Fabriken verkaufen. Die großen Plantagen erzeugen meist CTC-Ware (siehe S. 21), aber von den kleineren Farmen produzieren einige hervorragende orthodoxe Tees. Die Himalaja-Schwarztees fermentieren dank der Höhenlagen, in denen sie verarbeitet werden, im Gegensatz zu den Tees aus den Niederungen nicht vollständig, sodass die Blätter trocknen, ohne zu verwelken. Die fertigen dunklen Blätter zeigen grüne Flecken und der Aufguss ist hell, besitzt aber den vollen Geschmack von Schwarztee.

Schwarztee wächst in Nepal in den Bergen im Osten des Landes.

TEE-FAKTEN NEPAL

WELTMARKT-ANTEIL: **0,4%**

TEEARTEN:
SCHWARZ, GRÜN, OOLONG

BESONDERHEIT:
INNOVATIVE JUNGE TEEINDUSTRIE MIT **KOOPERATIVEN VON KLEINBAUERN**

ERNTEN:
FIRST FLUSH **MÄRZ–APRIL**
MONSOON FLUSH **JUNI–SEPTEMBER**
AUTUMN FLUSH **OKTOBER**

HÖHENLAGE: **HOCH**

DHANKUTA

Dhankuta, das Ilam-Tal und das benachbarte Darjeeling verbindet das gleiche Terroir.

ILAM-TAL

Das Ilam-Tal im Osten des Landes an der Grenze zu Darjeeling ist das größte Anbaugebiet Nepals.

LEGENDE
- BEKANNTE ERZEUGERREGION
- ANBAUGEBIET

KENIA

Der Tee kam 1903 nach Kenia und wird seit 1924 kommerziell produziert. Seitdem hat sich die kenianische Teeindustrie einen Namen mit schwarzen Tees gemacht. Die Nachfrage macht das Land zum drittgrößten Teeproduzenten der Welt.

Tee wächst in Kenia in Höhenlagen bis zu 2700 m auf der roten Vulkanerde des Hochlands im Rift Valley. Dank ihrer Lage auf dem Äquator profitieren die kenianischen Teeregionen von ergiebigen Niederschlägen und reichlich Sonnenlicht sowie von höhenbedingt kühleren Nachttemperaturen. Das sind ideale Wachstumsbedingungen, die eine ganzjährige Ernte ermöglichen.

Kenia baut *Camellia sinensis* var. *sinensis* an und produziert neben etwa 5 Prozent orthodoxer Tees überwiegend schwarze CTC-Tees (siehe S. 21). Letztere sind in klassischen Frühstückstees beliebt, denen sie einen runden und vollen Geschmack verleihen. Zum Teil werdem CTC-Tees mit größeren Blattstücken auch als Blatt-Tee statt in Teebeuteln verwendet.

Der Tee gedeiht hauptsächlich im Hochland beiderseits des Großen Grabenbruchs, vor allem in den Regionen Kericho, Nandi, Nyeri und Muranga, auf Farmen mit 0,4 Hektar Anbaufläche oder weniger. Die Kenya Tea Development Agency (KTDA) sorgt dafür, dass die Kleinbauern Anteil am Erfolg der Industrie haben.

ERNTE
Fast 90 Prozent des kenianischen Tees werden auf kleinen Farmen angebaut und von Hand gepflückt.

TEE-FAKTEN **KENIA**

WELTMARKTANTEIL: 7,9%

ERNTE: JANUAR–DEZEMBER

TEEARTEN: SCHWARZ, GRÜN, WEISS

HÖHENLAGE: HOCH

BESONDERHEIT: GROSSE, ERTRAGREICHE ANBAUFLÄCHEN

Marinyn ist ein würziger und körperreicher Schwarztee aus dem kenianischen Hochland zwischen Nyeri und dem Victoriasee.

Viele Kleinbauern verkaufen ihre Ernte zur Weiterverarbeitung an Teefabriken. Das belebt die lokale Wirtschaft.

NANDI HILLS

Einige der weltgrößten Teeproduzenten betreiben in den Nandi Hills Fabriken, die CTC-Tee produzieren. Einige kleinere Betriebe erzeugen heute auch weißen Matcha-Tee für den Export.

KERICHO

Kericho ist die größte Teeanbauregion in Kenia und liefert den Großteil des für den Export produzierten Schwarztees. Das Gebiet liegt sehr hoch am Rand des Mau-Waldes. In ihm entspringen mehrere Flüsse, die durch das Rift Valley fließen, und er ist ein zuverlässiger Wasserlieferant für die Teesträucher.

NYERI

Die Region verzeichnet mit die niedrigsten Temperaturen im Land. Zusammen mit der Höhenlage und ergiebigen Niederschlägen schafft das sehr gute Bedingungen für gesunde Ernten.

INDONESIEN

Indonesien besitzt ein tropisches Klima und vulkanische Böden. Beides ist dem Teeanbau zuträglich, der eine Jahresproduktion von durchschnittlich 142 400 Tonnen erreicht. Am bekanntesten sind die dunklen, schweren Tees.

Die Holländer säten 1684 Samen von chinesischen Teepflanzen in Indonesien aus. Die Varietät erwies sich jedoch für das tropische Klima als ungeeignet. Ab Mitte des 19. Jh. wurden Assamica-Sträucher angebaut und Ende des Jahrhunderts konnte man den ersten Schwarztee nach Europa exportieren. Die Teeproduktion florierte mehrere Jahrzehnte lang, erlebte aber im Zweiten Weltkrieg ihren Niedergang, als die Japaner die Inseln besetzten. Die Teegärten verwilderten unrettbar, erst Ende der 1980er-Jahre konnte die Regierung die Teeproduktion wieder anschieben. Heute macht Tee 17 Prozent aller indonesischen Agrarerzeugnisse aus. Das Land produziert einige gute Oolongs und Grüntees, am meisten geschätzt werden aber seit jeher seine körperreichen Schwarztees.

NORD-SUMATRA

Es gibt einige Teegärten in Nordsumatra, die Massentee mit der CTC-Methode (siehe S. 21) herstellen, der dann für Blends und Teebeutel exportiert wird.

JAVA

Der beste Tee wächst auf der Insel Java auf einer Höhe von 700–1500 m und wird nach der orthodoxen Methode verarbeitet. In Ost-Java, Banten und nahe Bogor gibt es mehrere Plantagen und kleine Gärten.

LEGENDE

- BEKANNTE ERZEUGERREGIONEN
- ANBAUGEBIET

TEE-FAKTEN **INDONESIEN**

WELTMARKT-ANTEIL: 3,2%

HÖHENLAGE: HOCH

ERNTE: GANZJÄHRIG, ABER ERNTE EINIGER DER BESTEN TEES ZWISCHEN **JULI UND SEPTEMBER**

TEEARTEN: SCHWARZ, OOLONG, GRÜN

THAILAND

Die Teeproduktion konzentriert sich auf ein kleines Gebiet im Norden, aber dort produziert Thailand zuverlässig hochwertige Oolongs, Grün- und Schwarztees.

In den 1960er-Jahren brachten Chinesen Sinensis-Stecklinge aus Taiwan ins Land und begannen mit dem Teeanbau. Seitdem hat Thailand neue Kultivare aus taiwanischen Stecklingen eingeführt, die das kühlere Berg-Terroir besser vertragen. Heute wächst Tee in den nördlichen Provinzen Chiang Rai und Chiang Mai, vor allem in der Region Doi Mae Salong. Die Oolongs werden ähnlich aufwendig verarbeitet wie die gerollten Oolongs aus Taiwan und sind meist mittelfermentiert. Man schreibt ihnen ein duftiges, grasiges Aroma und einen cremigen und nussigen Nachklang zu.

DOI MAE SALONG

Die Region nahe der Grenze zu Myanmar ist das Zentrum der Teeproduktion. Hier werden in Höhenlagen über 1200 m Oolongs, grüne und schwarze Tees gezüchtet.

TEE-FAKTEN **THAILAND**

WELTMARKT-ANTEIL: **1,7%**

TEEARTEN: **OOLONG,** GRÜN, SCHWARZ

BESONDERHEITEN: DUFTENDE OOLONGS, **FORSCHUNGS-** UND **ENTWICKLUNGS-PARTNERSCHAFT** MIT **TAIWAN**

ERNTE: MÄRZ–OKTOBER

HÖHENLAGE: **MITTEL**

MAROKKANISCHE TEEKULTUR

Die typisch marokkanische Art des Teetrinkens stammt aus dem 19. Jh., als britische Händler Gunpowder-Tees in Marokko einführten. Schon bald gehörte die Gewohnheit, den grünen Tee gesüßt und mit Minze zu trinken, zur Lebensart.

Der marokkanische Minztee ist im gesamten Maghreb, das heißt in Tunesien, Algerien und Marokko, verbreitet. Er wird mit grünem Gunpowder-Tee zubereitet, der in den 1860er-Jahren nach Marokko kam. Die Marokkaner stellten bald fest, dass er mit Minze und Zucker ein erfrischendes, wohlschmeckendes Getränk ergab.

Als Ausdruck der Gastfreundschaft steht der Tee ganz oben auf der Tagesordnung. Im Unterschied zum Essen, das im Maghreb meist von Frauen zubereitet wird, ist die Zubereitung und das Servieren von Tee Männersache. Es gilt als unhöflich, einen Tee abzulehnen.

Der Gastgeber gibt zwei Esslöffel Gunpowder-Tee in eine Kanne und überspült ihn mit etwas heißem Wasser, um ihm die Bitterkeit zu nehmen. Dann gibt er bis zu zwölf Zuckerwürfel in die Kanne und lässt den Tee in 800 ml kochend heißem Wasser 15 Minuten ziehen. Der Aufguss wird dadurch sehr stark, was die beachtliche Menge Zucker erklärt. Der Tee wird durch ein Sieb in eine zweite Metallkanne umgefüllt und zum Kochen gebracht, bevor noch mehr Zucker hinzugefügt wird.

Sobald der Tee fertig ist, gibt man frische Minzblätter in die »Kisan«, die traditionellen bunten Teegläser. Schließlich wird der Tee aus etwa 60 cm Höhe kunstvoll eingeschenkt, damit er Luft bekommt und schäumt.

Traditionell serviert man drei aufeinanderfolgende Aufgüsse und der Tee schmeckt jedes Mal anders, weil die Blätter zwischenzeitlich weiter ziehen. Ein Sprichwort sagt: »Das erste Glas ist sanft wie das Leben, das zweite stark wie die Liebe und das dritte Glas ist bitter wie der Tod.«

DIE SÜSSE DES ZUCKERS UND DIE FRISCHE DER MINZE GLEICHEN DEN ROBUSTEN GESCHMACK DES TEES AUS.

Marokkanischer Minztee wird in »Breds« zubereitet, Metallkannen, die in glühender Kohle erhitzt werden, und in »Kisan«, traditionellen Teegläsern, serviert.

VEREINIGTE STAATEN VON AMERIKA

Große geografische Unterschiede und klimatische Kontraste machen den Teeanbau in den USA zu einer Herausforderung. Trotzdem wird im ganzen Land in Teeplantagen investiert und die Produktion wächst.

In den 1980er-Jahren nahm die Regierung den experimentellen Anbau von Teepflanzen in den Bundesstaaten Georgia und South Carolina auf, der aber in beiden Fällen an klimatischen Unwägbarkeiten und mangelndem Profit scheiterte. Seitdem haben jedoch eine ganze Reihe von Plantagen durchaus positive Resultate erzielt. Vor allem die Charleston Tea Plantation in South Carolina arbeitet erfolgreich und liefert offiziell den Tee für das Weiße Haus.

Bodenbeschaffenheiten und Temperaturschwankungen machen es schwer, eine landesweit verteilte, konsistente Ernte zu erreichen, deshalb experimentieren die Anbauer mit verschiedenen Kultivaren. Der Großteil, nämlich 364 Hektar Anbaufläche, liegt in den Küstenstaaten, wo der Tee von der kühlenden Seeluft profitiert. Farmen in South Carolina, Alabama, Kalifornien, Oregon, Washington und auf Hawaii ernten mittlerweile ausreichend und haben mit dem Verkauf ihrer Tees begonnen. Auch neue Farmen in Mississippi haben Pflanzerfolge zu verbuchen und werden in einigen Jahren ernten können.

HAWAII

Auf den Inseln Hawaiis gibt es 50 kleine Gärten mit zusammen 20 Hektar Anbaufläche, die meisten davon auf »Big Island«. Fruchtbarer Vulkanboden, bergiges Land und ergiebige Niederschläge begünstigen die handwerkliche Produktion weißer, grüner, schwarzer und Oolong-Tees, die zu den teuersten der Welt zählen. Eine hawaiianische Farm verkaufte ihren Tee für über 9000 Euro pro Kilogramm an Harrods.

TEE-FAKTEN **USA**

WELTMARKT-ANTEIL: 0,009%

TEE-ARTEN: **SCHWARZ,** GRÜN, OOLONG

ERNTE: APRIL–OKTOBER

BESONDERHEIT: JUNGE TEEFARMEN MIT ANBAUFLÄCHEN **ZWISCHEN 1 UND 81 HEKTAR**

HÖHENLAGEN: NIEDRIG BIS HOCH

KÜHLE TEMPERATUREN

Diese Teefarm in Mississippi will Sträucher kultivieren, die sich an kühles Wetter anpassen können. Die jungen Stecklinge werden in 3–4 Jahren erntereif sein.

DIE ANBAUFLÄCHE IN DEN KÜSTEN-STAATEN LIEGT BEI RUND 364 HEKTAR.

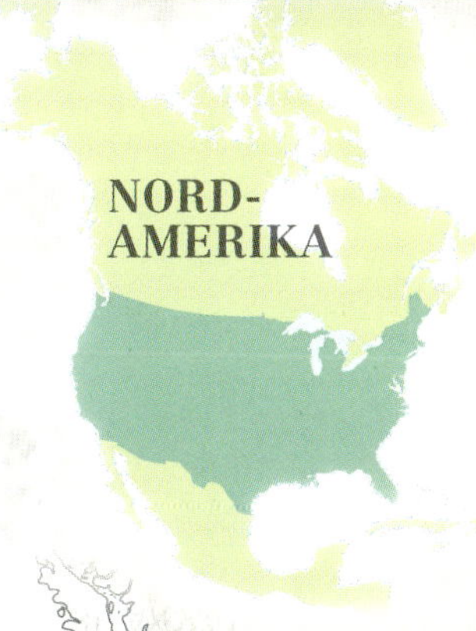

WASHINGTON & OREGON

Die Teegärten in diesen Bundesstaaten umfassen 5 Hektar und produzieren handwerklich grüne, weiße und Oolong-Tees.

Zum überwiegenden Teil werden natürliche Hybriden von var. *assamica* und var. *sinensis* angebaut.

LEGENDE

- **BEKANNTE ERZEUGERREGION**
- **ANBAUGEBIET**

MISSISSIPPI

2014 pflanzte die Great Mississippi Tea Company mit Unterstützung der Mississippi State University auf 117 Hektar über 30 000 Teesträucher an. Jedes Jahr kommen weitere Pflanzen dazu. Das Unternehmen sammelt und testet Hybriden und forscht auf dem Gebiet der integrierten Schädlingsbekämpfung.

WADMALAW ISLAND, SOUTH CAROLINA

Mit einem subtropischen Klima und 1320 mm Niederschlag pro Jahr eignet sich die Insel perfekt für den Teeanbau. Auf 52 Hektar wird Schwarztee angebaut, maschinell geerntet und vor Ort nach der orthodoxen Methode verarbeitet.

KRÄUTERTEES

WAS IST EIN KRÄUTERTEE?

Kräutertees sind Aufgüsse mit aromatischen Kräutern und Pflanzen, die die Gesundheit fördern, entspannen und beleben. Man kann sie heiß oder kalt als leckere Alternative zu koffeinhaltigen Getränken genießen.

WOHLTUENDE WIRKUNG
Kräutertees wirken aromatherapeutisch und beruhigen und beleben sowohl Geist als auch Körper.

TEE ODER KEIN TEE?

Kräutertees tragen zwar das Wort »Tee« im Namen, sind aber, da sie nicht aus Pflanzenteilen der *Camellia sinensis* gemacht sind, keine Tees im eigentlichen Sinn. Stattdessen werden Rinde, Stiele, Wurzeln, Samen, Früchte und Blätter anderer Pflanzen verarbeitet, um daraus in Kombination mit kochendem Wasser ein Aufgussgetränk herzustellen. Mit Ausnahme des Matetees enthalten Kräutertees auch kein Koffein.

DIE HEILKRAFT DER KRÄUTERTEES

Seit Jahrhunderten werden in der traditionellen chinesischen Medizin und in der indischen Ayurveda-Heilkunst Kräuteraufgüsse eingesetzt. Heutzutage sind auch bei uns zahlreiche Wellness-Tees und Kräutermischungen beliebt, die entgiften, beruhigen, einen gesunden Schlaf fördern oder bei Erkältungen und grippalen Infekten Linderung bringen. Teeläden und Supermärkte bieten Kräutertees für alle möglichen Beschwerden und kleinere Leiden.

Pflanzen und Kräuter besitzen komplexe chemische Inhaltsstoffe, die sich unter Umständen nicht mit konventionellen Medikamenten vertragen oder Allergien auslösen. Fragen Sie deshalb immer auch Ihren Arzt und Apotheker um Rat, bevor Sie sich selbst einen Kräutertee verordnen.

HAUSAPOTHEKE
Mit ihren natürlichen Heilkräften gehören Kräutertees in jede Hausapotheke.

KRÄUTERKUNDE

Nicholas Culpeper (1616–1654) war ein englischer Arzt, Apotheker, Astrologe und Botaniker. Sein Buch *Culpeper's Complete Herbal* enthält Beschreibungen von Hunderten von Zutaten für Kräutertees und ihrer medizinischen Wirkung. Als Arzt in Spitalfields in London setzte er bei der Behandlung seiner Patienten auf eine Kombination aus Astrologie und Pharmakologie und galt damit in seiner Zeit als radikaler Neudenker.

Eine Mischung aus Lavendel, Hibiskus und Hagebutte ist eine regelrechte Vitamin-C-Bombe und hilft bei Erkältungen.

WURZELN

Wurzeln ziehen Nährstoffe aus dem Boden und transportieren sie in die Blätter und Blüten der Pflanze. Sie sind meist dick und faserig und enthalten wirksame organische Verbindungen. Für Kräutertees sind sie eine ideale Zutat.

Die gesundheitsfördernden Eigenschaften von Wurzeln sind ihrer Mikrokultur aus Organismen, Insekten und Nährstoffen zuzuschreiben. In gemäßigtem Klima nehmen sie Nährstoffe aus dem Boden auf und speichern sie über den Winter, wenn der Stoffwechsel der Pflanze ruht. Man erntet sie am besten an einem trockenen Tag im Frühling, wenn die Pflanze gerade erwacht. Vorausgesetzt sie sind nicht zu dick oder weich, kann man sie zum Trocknen aufhängen oder im Dörrapparat trocknen. Man kann auch getrocknete Wurzeln kaufen.

KLETTENWURZEL

(Arctium)

Die Pfahlwurzel der Pflanze mit den stacheligen Blütenköpfen kann bis zu 60 cm lang werden. Sie enthält das Präbiotikum Inulin, das die Erhaltung einer gesunden Darmflora unterstützt. Klettenwurzel wird zur Behandlung von Akne und Gelenkschmerzen eingesetzt und wirkt harntreibend und blutreinigend. Entgiftungstees, insbesondere zur Leberreinigung, enthalten häufig Klettenwurzel.

GERÖSTETE, GETROCKNETE WURZELN SIND EIN KOFFEINFREIER ERSATZ FÜR TEE.

SÜSSHOLZWURZEL

(Glycyrrhiza glabra)

Die faserige Wurzel gibt einem Aufguss Süße. Sie kann entzündete Schleimhäute in Rachen und Lunge beruhigen und so bei Erkältung Erleichterung verschaffen. Daneben hilft sie auch bei Magen-Darm-Beschwerden und wird zur Entgiftung und zur Stimmungsaufhellung eingesetzt.

ZICHORIE

(Cichorium intybus)

Die Wurzel der auch Wegwarte genannten Wildpflanze, die man an ihren blauen Blüten erkennt, wird oft in Kräutertees verwendet. Wie die Klettenwurzel (links) enthält sie das Präbiotikum Inulin. Zichorienwurzel entgiftet, stärkt das Immunsystem und wird zur Behandlung von Arthritis eingesetzt, weil sie entzündungshemmend wirkt. Wegen ihrer beruhigenden Wirkung findet sie sich auch in schlaffördernden Mischungen.

LÖWENZAHN-WURZEL

(Taraxacum officinale)

Der allgemein als Unkraut verschriene Löwenzahn ist eine beliebte Zutat in vielen Kräutermischungen, weil er entzündungshemmend wirkt und Schmerzen und Schwellungen lindert. Zudem unterstützt er Verdauung und Darmflora.

INGWER

(Zingiber officinale)

Der meist als Gewürz verwendete Ingwer ist auch in Kräuterteemischungen beliebt. Er wirkt entzündungshemmend und hilft bei der Entgiftung des Körpers. Er enthält Terpen und Ingweröl, die den Kreislauf anregen und das Lymphsystem reinigen. Deshalb setzt man Ingwerwurzel bei Verdauungsbeschwerden, Übelkeit sowie Erkältungs- und Grippebeschwerden ein.

RINDE

Wie die Wurzel ist auch die Rinde für die Versorgung der Pflanze wichtig. In Kräutertees wird sie bisher nicht genauso häufig, aber immer häufiger verwendet. Jede Rinde besitzt einen besonderen Geschmack und individuelle Heilwirkungen.

Die innere Schicht der Rinde, die um das stabilisierende Holz herum liegt, ist das Versorgungsnetzwerk der Pflanze. Eine falsche Technik kann einen Baum unwiederbringlich schädigen, deshalb sollte die Ernte Fachleuten überlassen werden und die Rinde im Handel sollte von Bäumen stammen, die zu diesem Zweck gezüchtet wurden.

Egal ob man die Rinde allein oder zusammen mit anderen Pflanzenteilen verwenden will, zuerst muss ein Absud (siehe S. 145) hergestellt werden. Wenn man sie zusammen mit Kräutern verwendet, lässt man die getrockneten Kräuter mindestens fünf Minuten in kochendem Wasser ziehen, bevor man den Rindenabsud hinzugibt.

WILDKIRSCHE

(Prunus avium)

Wildkirschenrinde wirkt hustenlindernd und wird oft in kommerziellen Hustensäften verwendet. Sie enthält Prunasin, das durch Infektionen ausgelöste Entzündungen zurückdrängt. Wegen ihres adstringierenden, manchmal bitteren Geschmacks sollte sie mit wohlschmeckenden Kräutern oder Früchten gemischt werden.

ZIMT

(Cinnamomum verum)

Die antioxidativen Eigenschaften der Zimtbaumrinde wirken gut bei Erkältungs- und Grippebeschwerden, während ihre antibakterielle Wirkung die Verdauung fördert, indem sie die Gasbildung reduziert und den Appetit anregt. Sie sollte aber nur sparsam eingesetzt werden, weil der Inhaltsstoff Kumarin in großen Mengen eingenommen die Leber schädigen kann. Es sind zwei Zimtarten im Handel: Kassia und Ceylon. Der auf Sri Lanka angebaute Ceylon-Zimt ist für Kräutertees besser geeignet, weil er weniger Kumarin enthält.

WEIDENRINDE

(Salix alba)

Weidenrinde ist eines der ältesten Schmerzmittel der Welt. Sie enthält Salicin, das sich im Körper in Salicylsäure umwandelt und Schmerzen lindert. Salicylsäure findet sich auch in Aspirin. Ein Aufguss mit Weidenrinde wirkt entzündungshemmend und hilft bei Erkältungs- und Grippebeschwerden, Kopfschmerzen, Schmerzen und Fieber.

PFLANZENRINDEN HELFEN BEI ERKÄLTUNG, WEIL SIE BERUHIGEND, SCHMERZLINDERND UND ANTIOXIDATIV WIRKEN.

ROTULME

(Ulmus fulva)

Die schleimige innere Rinde der Rotulme hat eine schmerzlindernde Wirkung. Sie fördert die Bildung eines Schleims, der insbesondere auf die Schleimhäute in Mund, Rachen, Magen und Darm beruhigend und entzündungshemmend wirkt.

BLÜTEN

Frische oder getrocknete Blüten und Blütenblätter geben Kräutermischungen Farbe und Geschmack. Außerdem besitzen viele von ihnen entzündungshemmende und entgiftende Eigenschaften.

KAMILLE

(Matricaria chamomilla)

Die gänseblümchenartige Kamille gedeiht sogar zwischen Kies und in Asphaltrissen. Sie wirkt entspannend und beruhigend und wird deshalb gegen Schlafstörungen und Beklemmungen eingesetzt. Außerdem stärkt sie das Immunsystem. Ihr angenehmes Ananasaroma trägt zur beruhigenden Wirkung bei.

Kamille

HOLUNDER

(Sambucus nigra)

Die weißen Schirmblüten des Holunderstrauchs öffnen sich im Mai. Sie wirken entzündungshemmend und werden getrocknet in Kräutermischungen verwendet, die den Körper entgiften und Erkältungs- und Grippebeschwerden lindern. Die süßen und duftenden Blüten sind eine angenehme Ergänzung für viele Kräutertees.

HIBISKUS

(Hibiscus sabdariffa)

Hibiskus wird häufig in Kräutertees verwendet, weil er eine intensive Farbe und eine schöne Säure liefert. Er enthält Anthocyane, pflanzliche Farbstoffe, die für die rote und violette Färbung diverser Früchte verantwortlich sind. Studien deuten darauf hin, dass Hibiskus gegen Bluthochdruck und einen hohen Cholesterinspiegel hilft. Die Blüten enthalten außerdem Quercetin, das die Verdauung unterstützt und gegen Arthritissymptome hilft.

LAVENDEL

(Lavandula angustifolia oder *Lavandula officinalis)*
Lavendel besitzt ein charakteristisches und entspannendes Aroma. In Verbindung mit Zitronenmelisse kann er gegen Kopfschmerzen helfen. Er ist ein klassisches Heilmittel bei Schlafstörungen, Fieber, Beklemmungen, Stress, Erkältungen und Verdauungsproblemen.

Lavendel

ROTKLEE

(Trifolium pratense)
Rotklee schmeckt nektarsüß. Seine wasserlöslichen Isoflavone ähneln in ihren Eigenschaften dem Östrogen und können so bei Klimakteriumsbeschwerden Linderung bringen. Außerdem soll Rotklee schlechtes LDL-Cholesterin reduzieren und gutes HDL-Cholesterin fördern und so zur Herzgesundheit beitragen.

LINDENBLÜTEN

(Tilia vulgaris)
Die Blüten des Lindenbaums enthalten Antihistamine, die zur Bekämpfung allergischer Reaktionen eingesetzt werden, und Quercetin, ein starkes Antioxidants, das erbgutschädigende freie Radikale neutralisiert und entzündungshemmend wirkt. Lindenblüten werden in der alternativen Heilkunde zur Behandlung von Husten sowie Erkältungs- und Grippesymptomen eingesetzt. Sie duften stark und geben einen süßen, blumigen Geschmack.

BLÄTTER

Pflanzenblätter enthalten eine hochwirksame Kombination aus Zucker, Proteinen und Enzymen. Darüber hinaus geben sie Geschmack und Aromen ab, deren Wirkung von beruhigend bis belebend reicht. Letzteres erklärt die große Vielfalt der in Kräutertees verwendeten Blätter.

ZITRONEN-VERBENE

(Aloysia triphylla)
Die auch als Zitronenstrauch bekannte Zitronenverbene enthält starke Duftöle und kann bei Fieber und Erkältung lindernd wirken, die Nerven beruhigen und die Verdauung fördern.

ZITRONEN-MELISSE

(Melissa officinalis)
Wie der Name bereits sagt, duftet und schmeckt diese Angehörige der Minzefamilie nach Zitrone. Sie hat beruhigende Eigenschaften und lindert Erkältungsbeschwerden.

MINZE

(Lamiaceae)
Minzblätter (wie von Pfefferminze und Grüner Minze) werden schon seit Jahrhunderten bei Kopfschmerzen und Verdauungsstörungen eingesetzt. Bei Sodbrennen sollte man sie meiden, weil sie die Beschwerden verstärken können.

MAULBEER-BLÄTTER

(Morus nigra)
Die in japanischen Kräutertees oft verwendeten Maulbeerblätter schmecken überraschend süß und können gegen verschiedene Beschwerden, wie Husten, Erkältungs- und Grippesymptome, Fieber, Heiserkeit und Kopfschmerzen, helfen.

ROIBUSCH

(Aspalathus linearis)
Der fermentierte Kräutertee wird meist als koffeinfreier Ersatz für Schwarztee getrunken. Er ist auch unfermentiert erhältlich und liefert eine neutrale Basis, die sich gut mit Früchten, Gewürzen und anderen Aromaten verträgt. Roibusch enthält Antioxidantien und hilft bei Schlafstörungen, fördert Verdauung und Durchblutung. Er wächst ausschließlich in der südafrikanischen Provinz Westkap.

TULSI

(Ocimum tenuiflorum)
Das aus Indien stammende Tulsi (auch Kleines Basilikum genannt) enthält Antioxidantien, schmeckt süß und duftet stark. Es lindert Kopfschmerzen, Erkältungs- und Grippesymptome sowie Beklemmungen und fördert Konzentration und Gedächtnis. Die Pflanze kann giftiges Chrom aus dem Boden aufnehmen und sollte daher aus biologischem Anbau stammen.

BASILIKUM

(Ocimum basilicum)
Basilikum ist wesentlich mehr als ein Gewürz – es wirkt entzündungshemmend, ist reich an Antioxidantien und lindert Erkältungs- und Grippebeschwerden. Die Kombination aus Lakritzsüße und herzhaften Noten schmeckt in Kräutertees sehr interessant.

MATE

(Ilex paraguariensis)
Der vor allem in Brasilien und Argentinien angebaute Mateteestrauch enthält viel Koffein. Er schmeckt leicht nach Tabak und Grüntee und soll geistige Energie spenden sowie die Stimmung heben.

CALABAZA UND BOMBILLA
Matetee wird traditionell in einem ausgehöhlten Kürbis (»Calabaza«) aufgebrüht und durch die »Bombilla«, das Trinkrohr, getrunken.

FRÜCHTE UND SAMEN

Früchte und Samen stecken nicht nur voller gesunder Vitamine und Mineralien, die die Wirkung einer Kräutermischung verstärken, sondern verbessern auch den Geschmack.

HEIDELBEERE

(Generell *Vaccinium cyanococcus,* insbesondere *V. angustifolium)*
Die intensive blauviolette Farbe der Heidel- oder Blaubeere deutet auf das Vorhandensein von Anthocyaninen hin – Antioxidantien, die die Zellen und das Herz-Kreislauf-System gesund halten und das Gedächtnis fördern. Außerdem enthalten Heidelbeeren das Karotinoid Lutein, das gut für die Augen sein soll.

Heidelbeeren

HOLUNDERBEERE

(Sambucus nigra)
Die dunkelblauen Beeren stammen vom gleichen Strauch wie die Holunderblüten (siehe S. 138). Sie enthalten Anthocyanine, die stark antioxidativ wirken, und Quercetin, das das Immunsystem stärkt. Traditionell werden sie bei Husten und Erkältungen eingesetzt und sind gut für die Augen sowie das Herz. Nehmen Sie nur dunkle, reife Beeren und meiden Sie grüne, halbreife Beeren und Stiele, die giftig sind. Zur Verwendung in Kräutertees kann man die Beeren trocknen oder dörren.

ZITRUSSCHALE

Getrocknete oder frisch geriebene Zitrusschale macht sich gut in Kräutermischungen. Sie unterstützt Verdauung und Atemtrakt und lindert Heiserkeit, Erkältungen und Arthritis. Verwenden Sie nur ungespritzte und ungewachste Früchte, da die giftigen Chemikalien oft tief in der Schale sitzen.

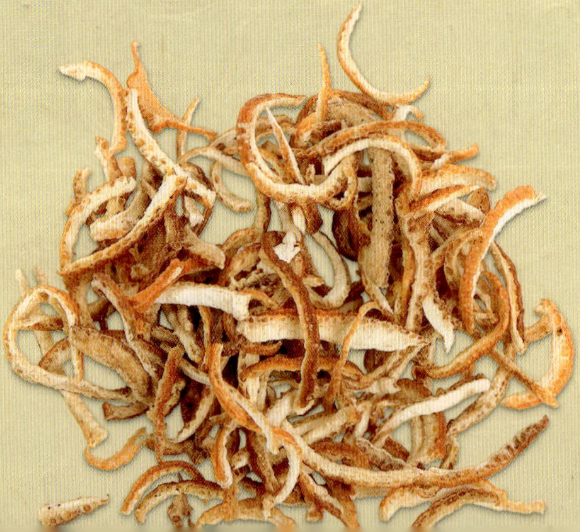

HAGEBUTTE

(Rosa canina)

Die besten Hagebutten stammen von der Wildrose, aber es gibt daneben zahlreiche andere wirksame Sorten. Man bekommt sie in Reformhäusern und in Teeläden. Hagebutten enthalten viel Vitamin C, Antioxidantien und Carotenoide und können Erkältungs- und Grippesymptome, Kopfschmerzen und Verdauungsbeschwerden lindern. Darüber hinaus sind sie gut für die Haut, da sie reich an Antioxidantien und Bioflavonoiden sind. Ihre entzündungshemmenden Inhaltsstoffe helfen bei Arthritisbeschwerden.

KARDAMOM

(Elettaria cardamomum)

Der in Südostasien heimische Kardamomstrauch wird bis zu 3 m hoch. Seine Samenkapseln enthalten kleine schwarze Samen, die vor der Verwendung zerstoßen werden müssen. Kardamom unterstützt die Verdauung und lindert Erkältungs- und Grippesymptome. Außerdem wirkt er harntreibend und antioxidativ, entgiftend und entzündungshemmend.

FENCHEL

(Foeniculum vulgare)

Der nach Süßholz schmeckende Fenchel hilft vor allem der Verdauung und eignet sich für Digestif-Mischungen. Die Samen enthalten Quercetin, das die Immunabwehr stärkt. Da es außerdem entzündungshemmend wirkt, kann Fenchel auch Arthritisbeschwerden lindern.

Fenchel

KRÄUTERTEES SELBER MISCHEN

Ein Teil des Reizes eines Kräutertees liegt in seiner Herstellung. Es kann sehr befriedigend sein, seine eigenen Tees zu mischen, hat man sich erst einmal mit den Zutaten und deren Verarbeitung vertraut gemacht.

ZUTATEN SAMMELN

Sie können alle Kräuter, Gewürze und Früchte, die Sie für einen Kräutertee brauchen, problemlos in Reformhäusern und online kaufen. Viele, vor allem Rosmarin, Minze, Salbei und Thymian, können Sie auch im eigenen Garten anbauen. Weitere Zutaten, wie Ingwer, Nelken und Zimt, hat man meist ohnehin im Gewürzregal.

Seien Sie vorsichtig, wenn Sie Ihre Zutaten in der Natur sammeln. Pflücken Sie nichts vom Straßenrand, wo die Pflanzen den Autoabgasen ausgesetzt sind und Sie sich selbst in Gefahr bringen, und meiden Sie mit Pestiziden und Dünger besprühte Flächen. Achten Sie darauf, beim Sammeln von Wurzeln benachbarte Pflanzen nicht zu schädigen, und verwenden Sie niemals Blüten aus dem Blumenladen, die in der Regel mit Insektiziden behandelt sind.

Sie können auch fertige Kräutertees kaufen. Teegeschäfte haben meist eine große Auswahl mit unterschiedlichsten Aromen und Geschmacksnoten und sogar Supermärkte führen verschiedenste Kräutertees, unter anderem gegen Erkältungsbeschwerden.

ENTZÜNDUNGSHEMMER
Die Kombination aus Ingwer, Kurkuma und Zitrone wirkt entzündungshemmend und kann Gelenkschmerzen lindern.

SALBEI
Ein Salbeitee kann entspannen und soll auch gegen Beklemmungen und Depressionen helfen.

AUS DEM EIGENEN GARTEN
Kamille und Zitronenmelisse: eine Kombination, die den Körper beruhigt und den Geist belebt. Beide sind leicht selbst zu ziehen.

LUFTTROCKNUNG
Kräuter, wie Minze, trocknet man am besten im Haus an einem warmen, trockenen Ort. So behalten sie ihren Geschmack und ihre Farbe.

TROCKNEN UND LAGERN

Waschen Sie in der Natur gesammelte Zutaten sofort unter fließendem kaltem Wasser ab und tupfen Sie sie mit Küchenpapier trocken. Lassen Sie Pflanzen und Kräuter auf einem Backblech oder in einem Korb ausgebreitet an einem warmen Ort abgedeckt trocknen. Das kann je nach Luftfeuchtigkeit einige Tage dauern. Sie können sie aber auch bei sehr schwacher Hitze im Backofen oder im Dörrapparat trocknen. Die Mikrowelle ist ungeeignet, weil sie die Pflanzen verbrennt und die schnelle Erwärmung die ätherischen Öle schädigt.

Bewahren Sie selbst getrocknete und gekaufte Kräuter in einem luftdicht schließenden Glas-, Keramik- oder Edelstahlbehälter auf und schützen Sie sie vor Hitze und Fremdgerüchen.

GETROCKNETE ZUTATEN ENTHALTEN KONZENTRIERTE ÖLE, DIE DANN INS HEISSE WASSER ABGEGEBEN WERDEN.

ZUTATEN VORBEREITEN

Früchte verwendet man am besten frisch. Pflanzenteile kann man frisch verwenden, aber sie sind dann nicht so wirksam wie getrocknete. Durch das Trocknen konzentriert man die Inhaltsstoffe, die sich zudem im heißen Wasser leichter lösen. Sie brauchen dreimal so viele frische Kräuter wie getrocknete.

Zerkrümeln Sie getrocknete Kräuter in kleine Stücke und messen Sie von jedem Kraut 1 TL pro Tasse ab. Kräutertees brüht man rund 5 Minuten mit frisch gekochtem Wasser auf. Im Gegensatz zu Tee gibt es dabei keine je nach Art unterschiedlich langen Ziehzeiten. Da Kräuter abgesehen von der Trocknung nicht fermentiert oder bearbeitet sind, muss man sie nicht allzu vorsichtig behandeln.

ABSUDE

Wurzeln und Stängel müssen in Wasser gekocht werden, um ihre Inhaltsstoffe abzugeben, das nennt man einen Absud. Kochen Sie die Zutaten 5–10 Minuten und gießen Sie sie dann durch ein Sieb ab. Lassen Sie die Flüssigkeit abkühlen, bevor Sie sie trinken.

Verwenden Sie zum Kochen nur Edelstahl- oder Glastöpfe. Bei Aluminium, Eisen und Kupfer kommt es zu chemischen Reaktionen mit den Zutaten.

WELLNESSWIRKUNG

Kräutertees mit heilenden Eigenschaften und beruhigender Wirkung sind eine Wohltat. Ihr Aroma spricht den Geruchssinn an und bewirkt noch vor dem ersten Schluck eine positive Stimmung. Die Lebensgeister sind geweckt. Beim Trinken wirken Geruch und Geschmack zusammen und entspannen Körper und Geist.

Im Folgenden sind einige traditionelle Anwendungsgebiete für Kräutertees aus Zutaten wie Kamille, Lavendel, Zitronenverbene und Minze genannt. Fragen Sie vor dem Genuss Ihren Hausarzt, ob die verwendeten Kräuter Ihre aktuelle Medikation beeinträchtigen oder bestimmte Symptome oder Allergien verstärken können. In der Schwangerschaft und Stillzeit sollte Kräutertee grundsätzlich nur nach Rücksprache mit dem Arzt getrunken werden.

ENTGIFTUNG

Kräutertees können bei der Entgiftung des Körpers helfen. So reinigen einige Kräuter die Leber, unterstützen die Ausscheidung von Chemikalien und Schwermetallen, wie Blei, Kadmium und Quecksilber. Dieser Prozess wird als »Chelatbildung« bezeichnet. Chelatbildende Stoffe haben die Fähigkeit, Schwermetalle im Körper zu binden und sie über den Verdauungstrakt auszuscheiden. Klassische entgiftende Teemischungen enthalten Ingwer, Löwenzahn, Klee und Süßholzwurzel.

SCHÖNHEIT

Kräutertees für gesunde Haut, Nägel und Haare werden häufig als »Schönheitstees« verkauft, regen die Blutzirkulation an und sorgen für elastische Haut. Rosenblätter haben eine belebende Wirkung auf die Haut und unterstützen die Blutzirkulation. Bambusblätter enthalten Kieselsäure, die das Wachstum von Haut, Haaren und Nägeln unterstützt. Kamille, Lindenblüten und Zitronenverbenenblätter können die allgemeine Hautgesundheit fördern.

ERKÄLTUNGEN

Erkältungstees enthalten Antioxidantien und Vitamin C. Manche beruhigen den Hals, andere haben eine »kühlende« Wirkung, die sich lindernd auf Erkältungssymptome wie Fieber auswirkt. Die Tees haben meist einen intensiven, tendenziell medizinischen Geschmack, enthalten aber auch aromatische Zutaten wie Holunderbeeren, Süßholzwurzel, Zimt, Ingwer, Hagebutte, Rosmarin und Zitronenverbene. Auch sie tragen alle etwas dazu bei, dass die typischen Beschwerden abklingen.

EIN ENTGIFTENDER KRÄUTERTEE KANN ZUR REINIGUNG DES KÖRPERS BEITRAGEN.

BERUHIGUNG

Beruhigende Kräutertees sind vor allem sehr aromatisch, da Duftstoffe eine wichtige Rolle bei der Bewältigung von Stress, Beklemmungen und Schlaflosigkeit spielen. Einige Tees haben eine stärker beruhigende Wirkung, während andere eher allgemein entspannend und ausgleichend wirken. Typische Zutaten sind Kamille, Lavendel, Zitronenverbene und Basilikum.

VERDAUUNG

Ingwer, Lakritzwurzel, Hibiskus, Wildkirschrinde, Zimt, Kardamom und Fenchel haben alle eine positive Wirkung auf die Verdauung. Verdauungstees schmecken weich, sie wirken magenberuhigend, entspannend und entkrampfend. Sie können jederzeit getrunken werden, wirken aber am besten nach dem Abendessen.

GELENKE

Pflanzen mit entzündungshemmenden Wirkstoffen sind die beste Behandlung für Arthritis und Gelenkerkrankungen. Das Flavonoid Quercetin findet sich in dunklen Früchten wie Cranberrys und Heidelbeeren. Ingwer und Gelbwurzel besitzen ebenfalls entzündungshemmende Wirkstoffe und können Arthritissymptome und Gelenkschmerzen lindern.

SCHON DIE ALTEN ÄGYPTER SCHÄTZTEN DIE HEILENDE WIRKUNG VON KRÄUTERTEES.

HAGEBUTTE

Hagebuttentee eignet sich, um eine Erkältung zu kurieren. Ein Löffel Honig im Tee versüßt den etwas herben Geschmack.

LAVENDEL

Ein Kräutertee mit Lavendel vor dem Schlafengehen kann den Schlaf verbessern.

KAMILLE

Kamille stärkt das Immunsystem. Mit Zitrone oder anderen Zitrusfrüchten kombiniert ergibt sie ein leichtes und erfrischendes Heißgetränk.

DAS WELLNESSRAD

Viele Pflanzen haben eine Heilwirkung und können zur Behandlung verschiedener Leiden eingesetzt werden. Das Rad zeigt Ihnen, welche Zutaten bei welchen Beschwerden helfen können. Stellen Sie damit Ihren Kräutertee selbst zusammen.

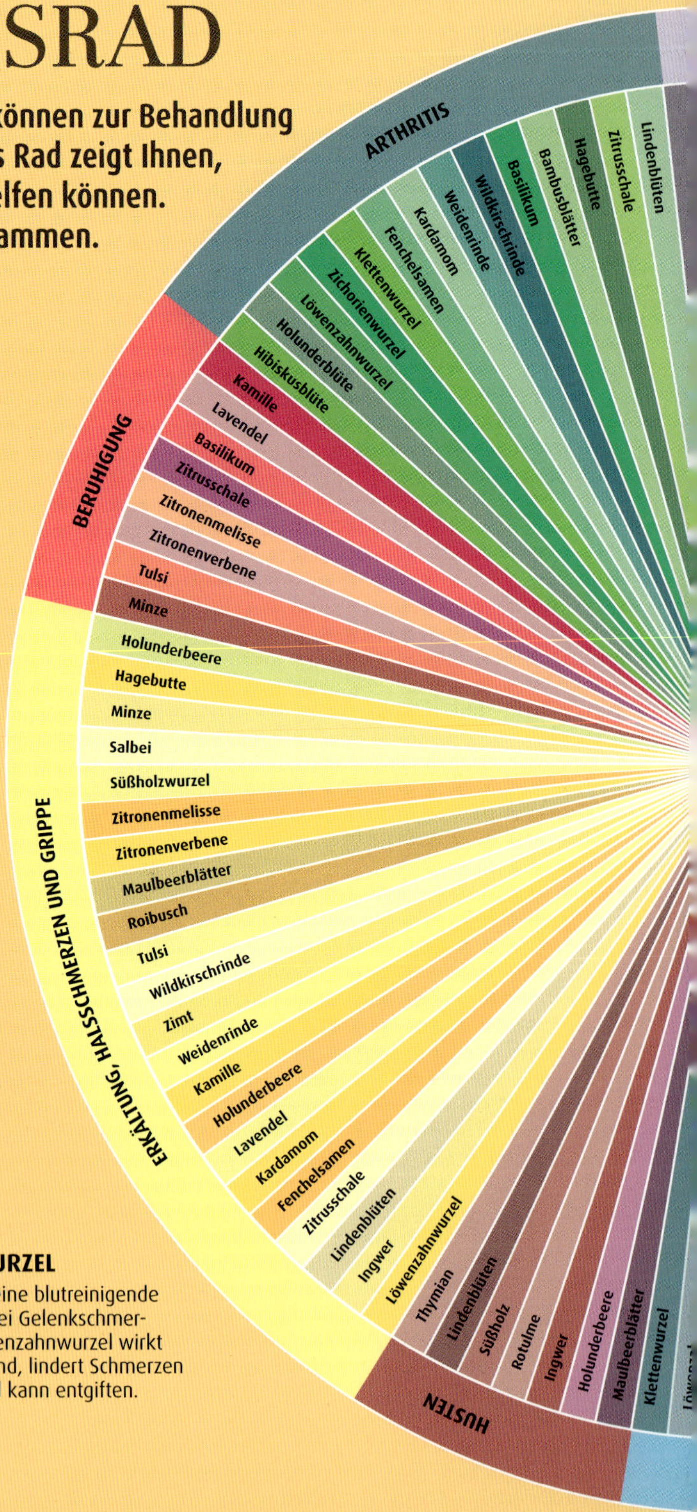

HIBISKUS UND HAGEBUTTE

Hibiskus hilft gegen hohen Blutdruck und normalisiert den Cholesterinspiegel. Hagebutte kann die Symptome von Erkältungen und Grippe lindern helfen, da sie reich an Vitamin C, Antioxidantien und Karotinoiden ist.

KLETTEN- UND LÖWENZAHNWURZEL

Klettenwurzel hat eine blutreinigende Wirkung und wird bei Gelenkschmerzen eingesetzt. Löwenzahnwurzel wirkt entzündungshemmend, lindert Schmerzen und Schwellungen und kann entgiften.

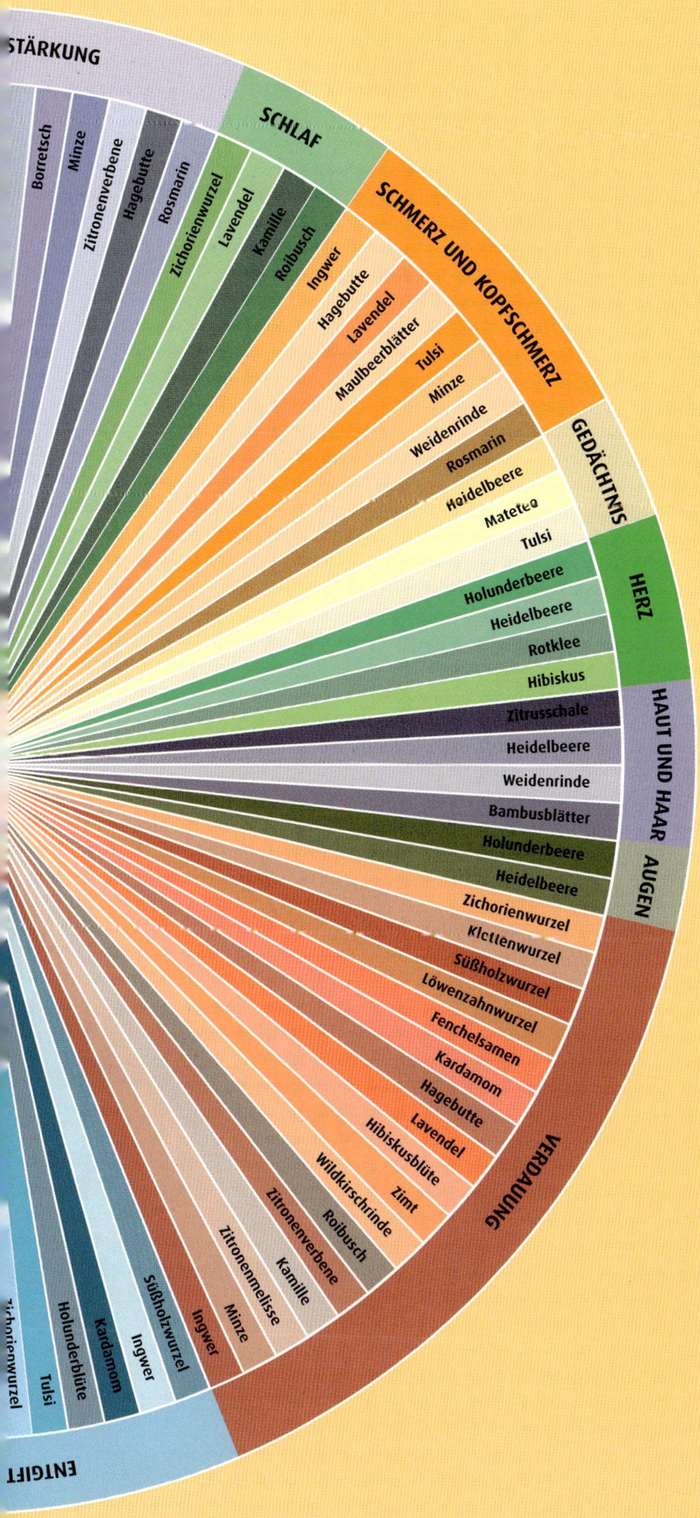

ROIBUSCH

Ein Aufguss mit Roibusch kann gegen Schlaflosigkeit helfen, die Verdauung anregen und die Symptome von Erkältungen und Grippe lindern.

KAMILLE UND LAVENDEL

Sowohl Kamille als auch Lavendel sind für ihre duftenden Aromen bekannt, die das Wohlbefinden fördern. Daher werden beide häufig für beruhigende Kräutertees verwendet.

REZEPTE

ZITRUS-JASMIN FÜR 4 PERSONEN

TEMPERATUR **80 °C** ZIEHZEIT **3-4 MIN.** ART **HEISS** MILCH **OHNE**

Jasminblüten werden am Abend gepflückt, wenn sie sich öffnen. Die Blüten werden mit grünen Teeblättern gemischt und vor dem Erhitzen des Tees wieder entfernt. Der Vorgang wird über mehrere Abende wiederholt. Die Limette gibt frische Säure.

1 gehäufter EL **Jasmintee Dragon Pearl**

Fruchtfleisch von 1 **Australischen Fingerlimette**, oder ½ **Limette,** geschält und in dünne Scheiben geschnitten, und Limettenscheiben zum Garnieren (optional)

900 ml 80 °C heißes **Wasser**

je 1 TL abgeriebene **Bio-Limetten-, Zitronen-** und **Orangenschale** zum Garnieren (optional)

1 Tee und Limette in eine Kanne geben.

2 Heißes Wasser hinzugießen und 3–4 Minuten ziehen lassen, bis sich die Jasminperlen öffnen.

ZUM SERVIEREN Nach Wunsch mit Fingerlimette, Limette oder Zitrusschalen garnieren. Heiß genießen.

JADEGARTEN FÜR 4 PERSONEN

TEMPERATUR **80 °C** ZIEHZEIT **2 MIN.** ART **HEISS** MILCH **OHNE**

Bi Luo Chun (Jadeschnecke des Frühlings) besitzt schöne Röstnoten von der Trocknung über Holzkohle. Gojibeeren geben der Mischung eine herbe Note, die aber von der sanften Süße der Birne ausgeglichen wird.

1 **Birne,** entkernt und gewürfelt, und 4 dünne Scheiben zum Garnieren

1 EL **getrocknete Gojibeeren**

200 ml kochendes **Wasser** und 750 ml 80 °C heißes Wasser

2 EL **Bi Luo Chun**

1 Birne und Beeren in einer Kanne mit kochendem Wasser übergießen und ziehen lassen.

2 In einer zweiten Kanne den Tee mit dem heißen Wasser aufbrühen und 2 Minuten ziehen lassen.

3 Den Tee durch ein Sieb zum Fruchtaufguss gießen.

ZUM SERVIEREN Durch ein Sieb in Tassen gießen, mit Birnenscheiben garnieren. Heiß genießen.

Jadegarten Ein heißer Tee, der süß, herb und rauchig zugleich ist – einfach unwiderstehlich.

ZITRONENDRACHE FÜR 4 PERSONEN

TEMPERATUR **80 °C** ZIEHZEIT **2 MIN.** ART **HEISS** MILCH **OHNE**

Ein einfacher Longjing genügt, die feineren Noten eines hochwertigen Tees kämen nicht zum Tragen. Geröstete Walnüsse unterstreichen den Röstcharakter des Tees, die Zitronenmyrte mildert die Röstaromen und süßt das Getränk.

1¼ TL **getrocknete Zitronenmyrte**

1½ TL **gehackte, geröstete Walnüsse**

240 ml kochendes **Wasser** und 800 ml 80 °C heißes Wasser

4 EL **Longjing (Dragon Well)**

1 Zitronenmyrte und Walnüsse in einer Kanne mit dem kochendem Wasser übergießen und ziehen lassen.

2 In einer zweiten Kanne den Tee mit dem heißem Wasser aufbrühen und 2 Minuten ziehen lassen.

3 Den Tee durch ein Sieb zum Fruchtaufguss gießen.

ZUM SERVIEREN Durch ein Sieb in Tassen gießen. Heiß genießen.

MAROKKANISCHE MINZE FÜR 4 PERSONEN

TEMPERATUR **90 °C** ZIEHZEIT **5 MIN.** ART **HEISS** MILCH **OHNE**

Der starke und rauchige Gunpowder ist die entscheidende Zutat in marokkanischen Minztees. Er wird traditionell vom Herrn des Hauses zubereitet und ist ein Zeichen marokkanischer Gastfreundschaft.

4 TL **Gunpowder**

Blätter von 6 großen Zweigen **Minze** und 4 Zweige zum Garnieren

900 ml 90 °C heißes **Wasser**

5 EL **Zucker**

1 Tee- und Minzblätter in einer Kanne mit dem heißen Wasser aufbrühen und 5 Minuten ziehen lassen.

2 Tee durch ein Sieb in einen Topf abgießen und Zucker hinzugeben. Unter Rühren zum Köcheln bringen. Vom Herd nehmen und den gesüßten Tee zurück in die Kanne gießen.

ZUM SERVIEREN Aus 30 cm Höhe in die Tassen gießen, damit sich auf der Oberfläche Schaum bildet. In jede Tasse 1 Minzzweig geben.

HONIG-ZITRONEN-MATCHA FÜR 2 PERSONEN

TEMPERATUR **80 °C** ZIEHZEIT **–** ART **GEEIST** MILCH **OHNE**

Der geeiste Matcha ist strahlend grün. Sie können Matcha der einfachsten Qualität verwenden, edler (und teurer) Matcha ist nicht notwendig. Der Honig gibt Süße und die Zitrone liefert die nötige Frische im Geschmack.

5 TL **Honig**

1 EL **Zitronensaft** und etwas abgeriebene **Bio-Zitronenschale**

500 ml 80 °C heißes **Wasser**

1½ TL **Matcha-Pulver**

Eiswürfel

1 Honig, Zitronensaft und -schale mit der Hälfte des Wassers in einen Krug geben.

2 Matcha-Pulver in einer Schüssel mit ein wenig heißem Wasser übergießen. Mit einer »W«-förmigen Bewegung zu einer dünnen Paste rühren. Das restliche Wasser hinzugeben und schlagen, bis sich Schaum bildet.

ZUM SERVIEREN Die Matcha-Mischung in den Krug geben, etwas abkühlen lassen, durchrühren und in mit Eiswürfeln gefüllte Gläser gießen.

GEEISTER SENCHA FÜR 2 PERSONEN

TEMPERATUR **80 °C** ZIEHZEIT **1 MIN.** ART **GEEIST** MILCH **OHNE**

Bei diesem grünen Eistee sorgt der Thymian für eine herzhafte Note. Der Name Sencha bedeutet »gezogener Tee«. Der Ingwer liefert sanfte Würze und sorgt für eine Andeutung von Süße.

2 EL **geriebener Ingwer**

4 **Thymianzweige**

2 EL **Sencha**

500 ml 80 °C heißes **Wasser**

Eiswürfel

Außerdem

Stößel

1 Ingwer und Thymian gleichmäßig auf 2 Gläser verteilen und mit dem Stößel zerdrücken.

2 Tee in einer Kanne mit dem heißen Wasser aufbrühen und 1 Minute ziehen lassen.

3 Gleichmäßig auf die Gläser verteilen, abkühlen lassen, Eiswürfel hineingeben und servieren.

TIPP Wenn es etwas kräftiger sein darf, bereiten Sie Eiswürfel aus Sencha-Tee vor.

EISDRACHE FÜR 2 PERSONEN

TEMPERATUR **80 °C** ZIEHZEIT **1 MIN.** ART **GEEIST** MILCH **OHNE**

Unter der stacheligen, rot-goldenen Schale der Rambutan verbirgt sich eine Litschi-ähnliche Frucht. Sie ist zwar nicht so süß wie eine Litschi, aber süß genug für die Röst- und Nussnoten eines Longjing.

12 **Rambutan** (frisch oder aus der Dose), geschält und in dünne Scheiben geschnitten, einige Rambutanscheiben zum Garnieren

120 ml kochendes **Wasser** und 400 ml 80 °C heißes Wasser

5 EL **Longjing (Dragon Well)**

Eiswürfel

Außerdem

Stößel

1 Rambutanscheiben mit dem Stößel zerdrücken.

2 Zerstoßene Früchte in einer Kanne mit dem kochenden Wasser übergießen, 4 Minuten ziehen lassen. Durch ein Sieb abgießen, abkühlen lassen und auf Gläser verteilen.

3 In einer zweiten Kanne den Tee mit dem heißem Wasser aufbrühen und 1 Minute ziehen lassen. Abkühlen lassen und in die Gläser gießen.

ZUM SERVIEREN Eiswürfel hinzugeben und mit Rambutanscheiben garnieren.

GRÜNE DUFTBLÜTE FÜR 2 PERSONEN

TEMPERATUR **80 °C** ZIEHZEIT **1½ MIN.** ART **GEEIST** MILCH **OHNE**

Die Blüten der Duftblüte sind winzig, stecken aber voll von süßem Vanilleduft. Sie gleichen damit die pflanzlichen Noten des Tees sehr schön aus, während die Früchte für Süße sorgen.

1 **Javaapfel** oder **Nashi-Birne,** entkernt und in dünne Scheiben geschnitten, und 2 Scheiben zum Garnieren

250 ml kochendes **Wasser** und 250 ml 80 °C heißes Wasser

2 TL **Bi Luo Chun**

½ TL getrocknete **Blüten der Duftblüte**

Eiswürfel

1 Apfelscheiben in einer Kanne mit dem kochendem Wasser übergießen.

2 In einer zweiten Kanne Tee und Blüten mit dem heißen Wasser aufbrühen und 1 ½ Minuten ziehen lassen.

3 Durch ein Sieb zum Fruchtaufguss gießen und 3 Minuten ziehen lassen. In Gläser gießen und abkühlen lassen.

ZUM SERVIEREN Eiswürfel hinzugeben und mit den Obstscheiben garnieren.

MATCHA-LATTE FÜR 2 PERSONEN

TEMPERATUR **80 °C** ZIEHZEIT – ART **LATTE** MILCH **MANDELMILCH**

Dieser traumhaft cremige Tee ist keine Spur bitter. Der Matcha sorgt beim Aufschlagen für einen schönen Schaum und gibt dem schokoladensatten Latte eine hellgrüne Farbe.

350 ml **gesüßte Mandelmilch**
15 g **weiße Schokolade**
2 TL **Matcha-Pulver** und 1 Prise zum Garnieren
120 ml 80 °C heißes **Wasser**

Außerdem
elektrisches Handrührgerät

1 Milch und Schokolade unter ständigem Rühren bei mittlerer Hitze in einem Topf erhitzen, bis die Mischung cremig wird. Vom Herd nehmen und beiseitestellen.

2 Matcha-Pulver in einer Schüssel mit dem heißem Wasser zu einer Paste verrühren. Die Schokoladenmilch hinzugeben und schaumig aufschlagen. In Tassen gießen.

ZUM SERVIEREN Mit 1 Prise Matcha-Pulver bestreuen. Heiß genießen.

VERBENE-LATTE FÜR 2 PERSONEN

TEMPERATUR **80 °C** ZIEHZEIT **1½ MIN.** ART **LATTE** MILCH **REISMILCH**

Der Gunpowder ist eine gute Basis für Teegetränke vieler Geschmacksrichtungen. Lässt man ihn nur kurz ziehen, liefert er eine leichte, grasige Note. Der Verbene-Latte ist eine fettarme Latte-Variante mit einem eher süßlichen Zitronenaroma.

350 ml **gesüßte Reismilch**
2 TL **getrocknete Zitronenverbene**
2 EL **Gunpowder**
120 ml 80 °C heißes **Wasser**

Außerdem
elektrisches Handrührgerät

1 Milch und Verbene bei mittlerer Hitze in einem Topf erhitzen, bis die Mischung köchelt. Vom Herd nehmen und 4 Minuten ziehen lassen.

2 Den Tee mit dem heißem Wasser aufbrühen und 1½ Minuten ziehen lassen, dann durch ein Sieb in eine große Schüssel abgießen.

3 Die Verbenenmilch durch ein Sieb in die Schüssel gießen und verrühren. Die Blätter wegwerfen.

ZUM SERVIEREN In Cappuccinotassen servieren und heiß genießen.

GRÜNE HARMONIE FÜR 2 PERSONEN

TEMPERATUR **80 °C** ZIEHZEIT **4 MIN.** ART **FRAPPÉ** MILCH **MANDELMILCH**

Das Zitronengras bringt einen Frische-Kick zwischen die pflanzlichen Noten des Gunpowder. Die Melone liefert Süße und die Mandelmilch einen traumhaften Schaum.

3 TL **gehacktes frisches Zitronengras**

2 TL **Gunpowder**

150 ml 80 °C heißes **Wasser**

¼ kleine **Honigmelone,** gewürfelt, und Melonenbällchen zum Garnieren

150 ml **gesüßte Mandelmilch**

Eiswürfel, zerstoßen

Außerdem

Mixer

1 Zitronengras und Tee in einer Kanne mit dem heißem Wasser übergießen und 4 Minuten ziehen lassen.

2 Durch ein Sieb in einen Krug gießen und auf Zimmertemperatur abkühlen lassen.

3 Melone mit dem abgekühlten Tee und der Mandelmilch in den Mixer geben und cremig, auf der Oberfläche schaumig mixen.

ZUM SERVIEREN In bis zur Hälfte mit Eis gefüllte Gläser gießen und mit Melonenbällchen garnieren.

KOREANISCHER MORGENTAU FÜR 2 PERSONEN

TEMPERATUR **80 °C** ZIEHZEIT **5–6 MIN.** ART **SMOOTHIE** MILCH **OHNE**

Die Blätter des Joongjak müssen etwas länger ziehen als gewöhnlich. Der fertige Smoothie erinnert in Duft und Geschmack an Patbingsu, ein koreanisches Sommerdessert mit Eisspänen und Früchten.

2 TL **koreanischer Joongjak**

175 ml 80 °C heißes **Wasser**

240 ml **süßer Aloe-Vera-Saft**

1 **Birne,** entkernt und in dünne Scheiben geschnitten, und 2 Scheiben zum Garnieren

Eiswürfel, fein zerstoßen

Außerdem

Mixer

1 Den Tee in einer Kanne mit dem heißen Wasser aufgießen und 5–6 Minuten ziehen lassen.

2 Durch ein Sieb in einen Krug gießen und auf Zimmertemperatur abkühlen lassen.

3 Den abgekühlten Tee mit Aloesaft und Birnenscheiben in den Mixer geben und glatt und schaumig mixen.

ZUM SERVIEREN In bis zur Hälfte mit Eis gefüllte Gläser gießen und mit Birnenscheiben garnieren.

ERFRISCHENDE APRIKOSE FÜR 2 PERSONEN

TEMPERATUR **80 °C** ZIEHZEIT **1 MIN.** ART **SMOOTHIE** MILCH **OHNE**

Moa Jian heißt übersetzt »flaumige Spitze« und bezieht sich auf die flaumigen Blattknospen des Tees. Er hat einen süßen, pflanzlichen Geschmack. Die Aprikose gibt Farbe und zusätzliche Süße.

2 TL **Mao Jian**

150 ml 80 °C heißes **Wasser**

120 g **Naturjoghurt**

5 **Aprikosen** (frisch oder aus der Dose), entkernt und in Scheiben geschnitten

2 EL **Honig**

Außerdem

Mixer

1 Den Tee in einer Kanne mit dem heißen Wasser aufbrühen und 1 Minute ziehen lassen.

2 Teeblätter entfernen und den Aufguss abkühlen lassen.

3 Joghurt, Aprikosen und Honig mit dem abgekühlten Tee in den Mixer geben und cremig mixen.

ZUM SERVIEREN In Gläser gießen und am besten sofort genießen.

KOKOS-MATCHA FÜR 2 PERSONEN

TEMPERATUR – ZIEHZEIT – ART **SMOOTHIE** MILCH **KOKOSSAHNE**

Der von Natur aus süße und cremige Smoothie ist der perfekte Energiespender für den Nachmittag. Die Kokossahne steuert gesunde Fettsäuren bei, während die Avocado reichlich Kalium sowie die Vitamine K und C liefert.

8 EL **Kokosflocken**

½ **Avocado**

1 TL **Matcha-Pulver**

120 ml **gekühlte Kokossahne**

240 ml **gekühltes Kokoswasser**

Außerdem

Mixer

1 Backofen auf 180 °C vorheizen. Die Kokosflocken auf ein Backblech streuen und 4 ½ Minuten goldbraun rösten.

2 Flocken zusammen mit den übrigen Zutaten in den Mixer geben und cremig mixen.

ZUM SERVIEREN In gekühlten Gläsern und mit Trinkhalm servieren.

Kleine Jadeschnecke Der aromatische Tee gibt zusammen mit Rosmarin und Soju einen ordentlichen Kick.

KLEINE JADESCHNECKE FÜR 2 PERSONEN

TEMPERATUR **80 °C** ZIEHZEIT **3 ½ MIN.** ART **COCKTAIL** MILCH **OHNE**

Soju ist ein koreanischer Reisschnaps, der es in sich hat. Nehmen Sie einen Soju mit 20 Vol.-%, alles darüber lässt den Tee gnadenlos untergehen. Der Rosmarin gibt dem ausgewogenen Cocktail eine sehr aromatische Note.

5 TL **Bi Luo Chun**

300 ml 80 °C heißes **Wasser**

½ TL grob gehackter **Rosmarin** und 2 Zweige zum Garnieren

200 ml **Soju** oder **Wodka**

Eiswürfel

Außerdem

Cocktailshaker

1 Den Tee in einer Kanne mit dem heißen Wasser aufbrühen und 3½ Minuten ziehen lassen.

2 Den gehackten Rosmarin hinzugeben und weitere 30 Sekunden ziehen lassen. Durch ein Sieb in den Shaker umfüllen, abkühlen lassen.

3 Soju und Eiswürfel in den Shaker geben und einige Sekunden shaken.

ZUM SERVIEREN Durch ein Sieb in Cocktailgläser gießen und mit Rosmarin garnieren.

DUFTENDER ABEND FÜR 2 PERSONEN

TEMPERATUR **80 °C** ZIEHZEIT **3 MIN.** ART **COCKTAIL** MILCH **OHNE**

Wenn Sie blumige Aromen mögen, werden Sie diesen fruchtigen Cocktail lieben. Der Alkohol schluckt viel vom Teegeschmack, deshalb braucht man hier mehr Tee, als wenn man ihn alleine aufbrüht.

3 EL **Jasmintee Dragon Pearl**

400 ml 80 °C heißes **Wasser**

2 TL **Quittensirup**

90 ml **weißer Rum**

Eiswürfel

Außerdem

Cocktailshaker

1 Den Tee in einer Kanne mit dem heißen Wasser aufgießen und 3 Minuten ziehen lassen.

2 Durch ein Sieb in den Shaker umfüllen, den Sirup hinzugeben, abkühlen lassen.

3 Rum und Eiswürfel in den Shaker geben und einige Sekunden shaken.

ZUM SERVIEREN Durch ein Sieb in Cocktailgläser gießen und am besten sofort genießen.

EISTEE FÜR 4 PERSONEN

In den USA trinkt man Tee gerne süß und kalt. Wer im Restaurant einen Tee bestellt, sollte darauf vorbereitet sein, ein großes Glas Eistee serviert zu bekommen. Hier ist ein einfaches Rezept zum Selbermachen.

Eistee ist nicht überall in der Welt bekannt, aber in den Vereinigten Staaten trinkt man ihn schon seit über 100 Jahren. Erfunden hat ihn vermutlich Richard Blechynden aus England, der auf der Weltausstellung 1904 in St. Louis Werbung für indischen Tee machte. Das Wetter war damals unerträglich heiß und so fanden die kleinen Tassen Tee, die er den Besuchern zum Kosten anbot, kein großes Interesse. In seiner Not gab er Eiswürfel in den Tee und das neue Getränk wurde zum Hit.

Es gibt zwei klassische Arten der Eisteezubereitung: Südlich der Mason-Dixon-Linie wird er gesüßt getrunken, im Norden bevorzugen die Menschen ungesüßte Eistees. Beide werden in Versionen mit und ohne Zitronenspalten serviert.

SIE BRAUCHEN:

Zutaten

6 TL Schwarztee

500 ml kochendes Wasser

1 Prise Speisenatron

175 g Zucker

2 Zitronen, in Scheiben geschnitten, zum Garnieren (nach Belieben)

Eiswürfel

Kalter Tee wird in den Südstaaten schon seit den 1830er-Jahren getrunken. Damals handelte es sich häufig um eine Mischung aus Champagner und Grüntee.

1 Den Tee in einer Kanne mit dem kochenden Wasser aufbrühen und 15 Minuten ziehen lassen.

2 Den Tee vorsichtig durch ein Sieb in eine hitzebeständige Kanne abgießen.

80 PROZENT DES TEES, DER IN DEN VEREINIGTEN STAATEN GETRUNKEN WIRD, IST EISTEE.

3 Während der Tee noch heiß ist, das Natron unter Rühren auflösen (damit der Tee nicht trüb wird). 1,5 l kaltes Wasser hinzugießen und gut umrühren. Lauwarm abkühlen lassen, dann 2–3 Stunden in den Kühlschrank stellen. Zitronenscheiben (optional) in den kalten Tee geben. Die Kanne mit Eiswürfeln auffüllen.

ERFRISCHUNG

An heißen Sommertagen ist Eistee eine willkommene Erfrischung. Klare Gläser bringen seine Farbe am schönsten zur Geltung.

NUSSIGE PFLAUME

FÜR 4 PERSONEN

TEMPERATUR **85 °C** ZIEHZEIT **3 MIN.** ART **HEISS** MILCH **OHNE**

Die Waldnoten des Shou Mei (Langlebigkeit) sind eine schöne Basis für diese sanfte Kreation. Die geröstete Haselnüsse geben eine rauchige Süße, während die dunklen Pflaumen für die rosa Farbe sorgen.

4 EL **geröstete Haselnüsse,** zerdrückt

4 **dunkle Pflaumen,** in Scheiben geschnitten

120 ml kochendes **Wasser** und 750 ml 85 °C heißes Wasser

7 EL **Shou Mei**

1 Haselnüsse und Pflaumen in einer Kanne mit dem kochenden Wasser übergießen und ziehen lassen.

2 Den Tee in einer zweiten Kanne mit dem heißen Wasser aufbrühen und 3 Minuten ziehen lassen.

3 Durch ein Sieb zum Pflaumenaufguss geben und 1 Minute ziehen lassen.

ZUM SERVIEREN Durch ein Sieb in Tassen gießen und heiß genießen.

GOLDENER SOMMER

FÜR 4 PERSONEN

TEMPERATUR **85 °C** ZIEHZEIT **4 MIN.** ART **HEISS** MILCH **OHNE**

Der Name bezieht sich auf den goldenen Aufguss und die bernsteinfarbenen Aprikosen. Früchte und Mandeln tragen die süßen Noten des Bai Mu Dan (Weiße Pfingstrose) und erinnern an einen Sommer unter Obstbäumen.

4 **Aprikosen,** in Spalten geschnitten

3 Tropfen **reines Mandelextrakt**

120 ml kochendes **Wasser** und 750 ml 85 °C heißes Wasser

6 EL **Bai Mu Dan**

1 Die Aprikosen mit dem Mandelextrakt in einer Kanne mit dem kochenden Wasser übergießen und ziehen lassen.

2 Den Tee in einer zweiten Kanne mit dem heißen Wasser aufbrühen und 4 Minuten ziehen lassen.

3 Den Tee durch ein Sieb zum Fruchtaufguss gießen und 2 Minuten ziehen lassen.

ZUM SERVIEREN Durch ein Sieb in Tassen gießen und heiß genießen.

ROSENGARTEN

FÜR 4 PERSONEN

TEMPERATUR **85 °C** ZIEHZEIT **4 MIN.** ART **HEISS** MILCH **OHNE**

Ungeachtet seines Namens, Weiße Pfingstrose, enthält der Bai Mu Dan keine Blüten, sondern bietet schöne Wald- und Kräuternoten. Der Kardamom unterstreicht dieses Aroma und verstärkt gleichzeitig den Duft der Rosenknospen.

20 **getrocknete Rosenknospen** und 4 Knospen zum Garnieren

½ TL **zerstoßene Kardamomsamen**

kochendes **Wasser** zum Überspülen und 750 ml 85 °C heißes Wasser

7 EL **Bai Mu Dan**

Honig nach Belieben

1 Knospen und Kardamom mit kochendem Wasser übergießen und beiseitestellen.

2 Den Tee in einer Kanne mit dem heißen Wasser aufbrühen und 4 Minuten ziehen lassen.

3 Tee in eine zweite Kanne abseihen. Rosenknospen und Kardamom abgießen, hinzugeben und 3 Minuten ziehen lassen.

ZUM SERVIEREN Durch ein Sieb in Tassen gießen, nach Belieben mit Honig süßen und mit je 1 Rosenknospe garnieren.

SCHATTENWALD

FÜR 4 PERSONEN

TEMPERATUR **85°C** ZIEHZEIT **2 MIN.** ART **HEISS** MILCH **OHNE**

Der Shou Mei präsentiert Tannennoten, die sich beim Abkühlen noch verstärken. Die süßen Wacholderbeeren wachsen oft am Rand von Nadelwäldern und passen deshalb ganz natürlich zu diesem Tee.

3 EL **zerstoßene Pinienkerne**

6 frische oder 12 getrocknete **Wacholderbeeren** und einige Beeren zum Garnieren

120 ml kochendes **Wasser** und 750 ml 85 °C heißes Wasser

6 EL **Shou Mei**

1 Backofen auf 180 °C vorheizen. Die Pinienkerne auf ein Backblech streuen und 3 Minuten goldbraun rösten.

2 Beeren und Pinienkerne in einer Kanne mit dem kochenden Wasser übergießen und ziehen lassen.

3 Tee in einer zweiten Kanne mit dem heißen Wasser aufbrühen und 2 Minuten ziehen lassen. Durch ein Sieb zum Beerenaufguss gießen und 4 Minuten ziehen lassen.

ZUM SERVIEREN Durch ein Sieb in Tassen gießen und mit Wacholderbeeren garnieren.

WEISSE PFINGSTROSE FÜR 2 PERSONEN

TEMPERATUR **85 °C** ZIEHZEIT **3 Min.** ART **GEEIST** MILCH **OHNE**

Die Tee-Version der beliebten Maibowle erhält durch weiße Trauben eine subtile Weißweinnote. Der Waldmeister trägt eine kräftige Süße bei.

18 kernlose **weiße Trauben,** halbiert

2 TL **getrockneter Waldmeister**

120 ml kochendes **Wasser** und 400 ml 85 °C heißes Wasser

4 EL **Bai Mu Dan**

Eiswürfel

Außerdem

Stößel

1 Die Hälfte der Trauben in einer Kanne mit dem Stößel sanft zerdrücken. Die übrigen Trauben, Waldmeister und das kochende Wasser hinzugeben. Abkühlen lassen.

2 Den Tee in einer zweiten Kanne mit dem heißen Wasser aufbrühen und 3 Minuten ziehen lassen. Durch ein Sieb in zwei Gläser gießen und abkühlen lassen.

ZUM SERVIEREN Den Fruchtaufguss in die Gläser abseihen und Eiswürfel dazugeben.

FEIGEN IM GARTEN FÜR 2 PERSONEN

TEMPERATUR **85 °C** ZIEHZEIT **2 MIN.** ART **GEEIST** MILCH **OHNE**

Der Duft der süßen Feigen und der aromatische Salbei versetzen einen augenblicklich in eine italienische »cucina«. Üben Sie beim Salbei lieber etwas Zurückhaltung, da er sehr durchsetzungsfähig ist.

2 frische oder getrocknete **Feigen,** geviertelt

2 frische **Salbeiblätter** oder ¼ TL getrocknete ganze Salbeiblätter

100 ml kochendes **Wasser** und 400 ml 85 °C heißes Wasser

2 EL **Shou Mei**

Eiswürfel

Außerdem

Stößel

1 Feigen und Salbei auf zwei Gläser verteilen und mit dem Stößel zerdrücken. Mit dem kochenden Wasser übergießen und abkühlen lassen.

2 Den Tee in einer Kanne mit dem heißen Wasser aufbrühen und 2 Minuten ziehen lassen. Durch ein Sieb auf beide Gläser verteilen und mit Feigen und Salbei verrühren. Abkühlen lassen.

ZUM SERVIEREN Umrühren und vor dem Servieren mit Eis auffüllen.

Feigen im Garten Der süße, erfrischende Eistee ist perfekt für einen Sommernachmittag.

LITSCHI-ERDBEER-FRAPPÉ

FÜR 2 PERSONEN

TEMPERATUR **85 °C** ZIEHZEIT **4 MIN.** ART **FRAPPÉ** MILCH **KOKOSSAHNE**

Die süßen Früchte bringen den Geschmack des erfrischenden Tees erst voll zur Geltung. Der Tee muss lange ziehen, damit er einen kräftigen Geschmack entwickelt. Die Kokossahne macht ihn köstlich cremig.

3 EL **Shou Mei**

240 ml 85 °C heißes **Wasser**

8 **Litschis** (aus der Dose)

8 **Erdbeeren**

5 **Eiswürfel**

125 ml **Kokossahne,** steif geschlagen

Außerdem

Mixer

1 Tee in einer Kanne mit dem heißen Wasser aufbrühen und 4 Minuten ziehen lassen. Abseihen und einige Minuten abkühlen lassen.

2 Den abgekühlten Tee mit den Litschis und den Erdbeeren in den Mixer geben und glatt und schaumig pürieren.

3 Eiswürfel hinzugeben und zerkleinern.

ZUM SERVIEREN Auf Gläser verteilen und mit der geschlagenen Kokossahne garnieren.

VERWUNSCHENER GARTEN

FÜR 2 PERSONEN

TEMPERATUR **90 °C** ZIEHZEIT **3 MIN.** ART **COCKTAIL** MILCH **OHNE**

In diesem gekühlten Cocktail finden duftende Holunderblüte, kräftiger weißer Tee und Wodka zueinander und ergeben zusammen ein einzigartiges Getränk mit einem leichten Alkohol-Kick.

6 EL **Bai Mu Dan**

400 ml 90 °C heißes **Wasser**

4 TL **Holunderblütensirup**

120 ml **Wodka**

Eiswürfel

Außerdem

Cocktailshaker

1 Den Tee in einer Kanne mit dem heißen Wasser aufbrühen und 3 Minuten ziehen lassen, dann in den Shaker abseihen und vollständig abkühlen lassen.

2 Sirup und Wodka in den Shaker geben und mit Eis auffüllen. 30 Sekunden kräftig shaken.

ZUM SERVIEREN In Cocktailgläser abseihen und am besten sofort genießen.

HOCHLANDTROST

FÜR 4 PERSONEN

TEMPERATUR **90 °C** ZIEHZEIT **2 MIN.** ART **HEISS** MILCH **OHNE**

Für dieses Rezept eignen sich getrocknete Schwarze Johannisbeeren besonders gut. Ihre an Rosinen erinnernde Süße harmoniert wunderbar mit dem leicht fermentierten Oolong-Tee.

- 4 EL **getrocknete Schwarze Johannisbeeren**
- 1½ TL **gehackte, geröstete Mandeln**
- 300 ml kochendes **Wasser** und 600 ml 90 °C heißes Wasser
- 2 EL **Hochland-Oolong aus Taiwan**

1 Johannisbeeren und Mandeln in einer Kanne mit dem kochenden Wasser übergießen und ziehen lassen.

2 Den Tee mit etwas heißem Wasser überspülen, damit sich die Blätter öffnen.

3 Tee in einer Kanne mit dem restlichen heißen Wasser aufbrühen und 2 Minuten ziehen lassen, dann zum Fruchtaufguss geben.

ZUM SERVIEREN Durch ein Sieb in Tassen gießen und heiß servieren.

SCHOKO-NUSS-OOLONG

FÜR 4 PERSONEN

TEMPERATUR **85 °C** ZIEHZEIT **4 MIN.** ART **HEISS** MILCH **KUHMILCH (OPTIONAL)**

Geröstete Walnüsse, Kakaonibs und Oolong ergeben eine behaglich wärmende Mischung. Gibt man noch Milch hinzu, kommen die Öle der Nüsse und des Kakaos an die Oberfläche und verstärken den Geschmack zusätzlich.

- 4 EL **Kakaonibs** mit Schalenresten
- 2 EL **zerkleinerte Walnüsse**
- 300 ml kochendes **Wasser** und 600 ml 85 °C heißes Wasser
- 4 EL **Wuyi Rock**

1 Kakao und Nüsse in einer Kanne mit dem kochenden Wasser übergießen und ziehen lassen.

2 Den Tee in einer Kanne mit dem heißen Wasser aufbrühen und 4 Minuten ziehen lassen.

3 Tee durch ein Sieb zum Nussaufguss gießen und 1 Minute ziehen lassen.

ZUM SERVIEREN Durch ein Sieb in Tassen gießen, nach Wunsch Milch hinzugeben und heiß servieren.

Herzhafte Kirsche Erdige, würzige und fruchtige Noten zeichnen den Wuyi-Rock-Oolong aus.

HERZHAFTE KIRSCHE

FÜR 4 PERSONEN

TEMPERATUR **85 °C** ZIEHZEIT **4 MIN.** ART **HEISS** MILCH **OHNE**

Die gerösteten Blätter des Wuyi-Rock-Oolong besitzen eine erdige Tiefe und ein leicht blumiges Aroma. Die Kirschen passen perfekt zu diesem Charakter und der Muskat unterstreicht die würzigen Noten.

12 **Kirschen,** entkernt und halbiert

1 Prise **gemahlene Muskatnuss** und Muskat zum Garnieren

300 ml kochendes **Wasser** und 600 ml 85 °C heißes Wasser

4 EL **Wuyi Rock**

Außerdem

Stößel

1 Kirschen in der Kanne mit dem Stößel zerdrücken. Muskat und kochendes Wasser hinzugeben und ziehen lassen.

2 Tee in einer zweiten Kanne mit dem heißen Wasser aufbrühen und 4 Minuten ziehen lassen.

3 Den Tee durch ein Sieb zum Fruchtaufguss gießen.

ZUM SERVIEREN Durch ein Sieb in Tassen gießen, mit Muskat bestäuben. Heiß genießen.

TRAUBENGÖTTIN

FÜR 4 PERSONEN

TEMPERATUR **90 °C** ZIEHZEIT **3 MIN.** ART **HEISS** MILCH **OHNE**

Weiße Trauben hellen Geschmack und Farbe der Mischung auf und geben eine fruchtige Süße, die an trockenen Weißwein erinnert. Darunter bietet der duftende Tee tiefe, süße Geschmacksnoten.

15 kernlose **weiße Trauben,** halbiert

150 ml kochendes **Wasser** und 750 ml 90 °C heißes Wasser

2 EL **Tie Guan Yin**

Außerdem

Stößel

1 Die Hälfte der Trauben in einer Kanne mit dem Stößel sanft zerdrücken. Die übrigen Trauben und das kochende Wasser hinzugeben und ziehen lassen.

2 Den Tee in einer zweiten Kanne mit dem heißen Wasser aufbrühen und 3 Minuten ziehen lassen.

3 Den Tee durch ein Sieb zum Fruchtaufguss gießen und 3 Minuten ziehen lassen.

ZUM SERVIEREN Durch ein Sieb in Tassen gießen. Heiß genießen.

EISGÖTTIN FÜR 2 PERSONEN

TEMPERATUR **90 °C** ZIEHZEIT **2 MIN.** ART **GEEIST** MILCH **OHNE**

Der leicht fermentierte Oolong hat zarte blumige Noten und eine feine Süße. Die Aromen von Zitrusschale passen dazu besser als saurer Zitronensaft. Kommt der Geschmack der Nashi-Birne dazu, wird eine perfekte Liaison daraus.

2 TL **Bio-Zitronenzesten**

4 Scheiben **Nashi-Birne**

1 gehäufter EL **Tie Guan Yin**

500 ml 90 °C heißes **Wasser**

Eiswürfel

2 dünne **Zitronenscheiben** zum Garnieren

Außerdem

Stößel

1 Die Zesten auf zwei Gläser verteilen und mit dem Stößel zerdrücken. 2 Birnenscheiben in jedes Glas legen.

2 Den Tee in einer Kanne mit dem heißen Wasser aufbrühen und 2 Minuten ziehen lassen. Durch ein Sieb in einen Krug umfüllen und abkühlen lassen.

3 Den Tee auf die Gläser verteilen.

ZUM SERVIEREN Eiswürfel hinzugeben, umrühren und mit Zitronenscheiben garnieren.

CHILLED ROCK OOLONG FÜR 2 PERSONEN

TEMPERATUR **90 °C** ZIEHZEIT **3 MIN.** ART **GEEIST** MILCH **OHNE**

Der milde Röstgeschmack des Wuyi Rock gleicht die Säure der Kumquat aus. Die kleine ovale Frucht schmeckt beim ersten Biss sauer, danach aber überraschend süß.

2 **Kumquats,** in 12 Scheiben geschnitten, und 2 Scheiben zum Garnieren

1 TL **geriebene Muskatnuss**

150 ml kochendes **Wasser** und 350 ml 90 °C heißes Wasser

5 EL **Wuyi Rock**

Eiswürfel

1 Kumquats und Muskat in einer Kanne mit dem kochenden Wasser übergießen. 3 Minuten ziehen lassen, in zwei Gläser abseihen und abkühlen lassen.

2 Den Tee in einer Kanne mit dem heißen Wasser aufbrühen und 3 Minuten ziehen lassen, durch ein Sieb in einen Krug umfüllen und abkühlen lassen.

3 Den Tee in die Gläser gießen.

ZUM SERVIEREN Eiswürfel hinzugeben, umrühren und mit Kumquatscheiben garnieren.

EISERNE WODKAGÖTTIN

FÜR 2 PERSONEN

TEMPERATUR – ZIEHZEIT **4–6 STD.** ART **COCKTAIL** MILCH **OHNE**

Es ist faszinierend, den eng gerollten Teeblättern dabei zuzusehen, wie sie sich im Wodka öffnen. Der Aufguss ist recht stark, aber der Orangensaft mildert ihn wieder etwas ab.

2 EL **Tie Guan Yin**

240 ml **Wodka**

75 ml **Orangensaft**

½ TL **Orangenbitter**

Eiswürfel

einige dünne **Orangenscheiben** zum Garnieren

Außerdem

Cocktailshaker

1 Teeblätter mit kochendem Wasser überspülen, damit sie sich schneller öffnen.

2 Tee mit dem Wodka in einen Glaskrug (400 ml) mit Deckel geben und 4–6 Stunden ziehen lassen. Durch ein Sieb in den Shaker umfüllen. Orangensaft und Orangenbitter hinzugeben und mit Eis auffüllen. Einige Sekunden kräftig shaken.

ZUM SERVIEREN In Gläsern servieren und mit Orangenscheiben garnieren.

ROCK ON! BOURBON

FÜR 2 PERSONEN

TEMPERATUR **90 °C** ZIEHZEIT **2 MIN.** ART **COCKTAIL** MILCH **OHNE**

Nur ein Südstaaten-Whiskey kann mit dem erdigen Wuyi Rock mithalten. Die rauchigen Noten des Bourbon ergänzen die Röstnoten des Oolong und machen den Drink rund und kräftig.

5 EL **Wuyi Rock**

300 ml 90 °C heißes **Wasser**

90 ml **Bourbon**

Eiswürfel

120 ml **Sodawasser**

2 **Zitronentwists** zum Garnieren

Außerdem

Cocktailshaker

1 Den Tee in einer Kanne mit dem heißen Wasser aufbrühen und 2 Minuten ziehen lassen. Durch ein Sieb in den Shaker umfüllen und abkühlen lassen.

2 Den Bourbon hinzugeben und mit Eis auffüllen, dann 20 Sekunden shaken.

ZUM SERVIEREN In Cocktailgläser abseihen, Sodawasser hinzufügen und mit Zitronentwists garnieren.

KOMBUCHA

Das jahrtausendealte Getränk ist mittlerweile auch bei uns weit verbreitet. Der fermentierte Tee ist leicht kohlensäurehaltig und alkoholisch, im Geschmack süßsäuerlich und erfrischend. Kombucha enthält gesunde Säuren und Enzyme, die eine positive Wirkung auf die Darmflora haben, und kann täglich als Tonikum getrunken werden.

Die Ursprünge des Kombucha lassen sich bis ins China der Han-Dynastie (206 v. Chr.–25 n. Chr.) zurückverfolgen. Von dort nahm er im 19. Jh. seinen Weg über die Mongolei nach Russland. Etwa 1910 kam der Kombucha in Osteuropa an und war zwischen den Weltkriegen besonders in Deutschland sehr beliebt, bis im Zweiten Weltkrieg Zucker und Tee knapp wurden.

In den 1990er-Jahren erwachte das Interesse am Kombucha in Europa und Nordamerika neu und heute macht man ihn bei uns auch gerne wieder selbst. Dafür lässt man gesüßten schwarzen oder grünen Tee mit einer Hefekultur vergären, dem sogenannten Tee- oder Kombuchapilz (siehe unten). Während die Hefe des Kombuchapilzes den Zucker im Tee frisst, produziert sie eine kleine Menge Alkohol (weniger als 1 Prozent) und CO_2, das den Kombucha moussieren lässt. Auch wenn der Alkoholgehalt sehr gering ist, ist Kombucha für Kinder, Schwangere und Stillende nicht geeignet.

ZWEI ODER DREI KLEINE GLÄSER KOMBUCHA PRO TAG FÖRDERN GESUNDHEIT UND WOHLBEFINDEN.

SCOBY – DER KOMBUCHAPILZ

Die lebende Zutat im Kombucha trägt im Englischen den Namen SCOBY – ein Akronym für »Symbiotic Colony of Bacteria and Yeast« (Symbiotische Kolonie aus Bakterien und Hefepilzen). Vergleichbar ist sie einer »Essigmutter«, jener gallertartigen Schicht, die sich z. B. auf Apfelwein bildet und ihn in Essig umwandelt, aber wesentlich fester. Sie ist beige und schleimig und nimmt die Form des Behälters an, in dem sie wächst. Unter den richtigen Bedingungen wandelt sie Tee und Zucker während der Gärung in Essigsäure um. Der Kombuchapilz darf niemals mit Metall in Kontakt kommen, um eine unerwünschte chemische Reaktion zu vermeiden.

Assam-Tee

KOMBUCHA SELBST MACHEN

Der Kombucha lässt sich leicht zubereiten. Er ist eine Alternative zu anderen kohlensäurehaltigen Getränken, gut bekömmlich und enthält Säuren und Enzyme, die bei der Verdauung helfen. Sie brauchen nur die genannten Zutaten, eine saubere Arbeitsfläche und Geduld, die Fermentation abzuwarten.

SIE BRAUCHEN:

Zutaten

3,3 l Quellwasser

6 EL Schwarzteeblätter

200 g Rohrohrzucker

500 ml unpasteurisierter gekaufter Kombucha (als Startflüssigkeit)

Kombuchapilz (SCOBY)

Außerdem

steriles Schraubglas (4 l) und steriles Schraubglas (1 l)

neue Gummi- oder Latexhandschuhe

sauberes Tuch (groß genug, um den Krug abzudecken)

Gummiband

6 sterile Flaschen (à 500 ml)

1 Kunststofftrichter

1 Das Wasser in einem großen Topf zum Kochen bringen. Vom Herd nehmen, die Teeblätter hineingeben und 5 Minuten ziehen lassen.

2 Den Tee durch ein Sieb in das große Glas umfüllen und die Blätter wegwerfen. Den Zucker einrühren, bis er sich ganz aufgelöst hat. Das Glas abdecken und einige Stunden abkühlen lassen.

3 Den gekauften Kombucha dazugeben und mit einem Holzlöffel einrühren. Handschuhe anziehen und den Pilz in das Glas geben. Mit dem Tuch abdecken und mit dem Gummiband sichern, um Fliegen und Schimmelbakterien fernzuhalten.

4 Eine Woche ungestört und vor Sonnenlicht geschützt stehen lassen. Die Kultur sinkt während der Fermentation auf den Boden des Glases. Nach einigen Tagen steigt sie entweder wieder auf oder es bildet sich eine neue Kultur auf der Oberfläche.

5 Nach abgeschlossener Gärung einen Schluck mit dem Holzlöffel probieren, um Kohlensäure und Geschmack zu prüfen. Der Kombucha sollte leicht moussieren und nach Apfelessig schmecken. Ist er zu süß, muss er noch etwas länger gären. Hier muss man probieren und experimentieren.

6 Wenn der Kombucha fertig ist, die Kultur herausnehmen und in das kleinere Glas legen. 750 ml des fertigen Kombucha darübergießen und den Deckel schließen. Bis zum nächsten Ansatz kalt stellen. Hält sich so bis zu 2 Monate.

7 Den übrigen Kombucha durch den Trichter in Flaschen abfüllen. Die Deckel schließen und den Kombucha einige Tage nachgären lassen, um mehr Kohlensäure zu erhalten. Dann die Flaschen im Kühlschrank aufbewahren. Man kann den Kombucha vor dem Abfüllen nach Wunsch im Verhältnis 5:1 mit frischen oder eingelegten Früchten aromatisieren.

SALZIGER KARAMELL-ASSAM

FÜR 4 PERSONEN

TEMPERATUR **100 °C** ZIEHZEIT **5–6 MIN.** ART **HEISS** MILCH **SCHLAGSAHNE**

Für Rezepte mit salzigem Karamell muss normalerweise eine Sauce gekocht werden, aber wir mogeln: Hier ist es die Kombination aus Rauchsalz, Zucker und malzigem Assam, die das geschätzte Aroma hervorzaubert.

3 EL **Butter**

3 EL **Rohrzucker**

¼ TL **Rauchsalz**

900 ml kochendes **Wasser**

3½ EL **Assam TGFOP**

120 g geschlagene **Sahne** zum Servieren

1 Butter, Zucker und Salz in eine Schüssel geben und mit 175 ml kochendem Wasser übergießen. Rühren, bis Zucker und Salz gelöst sind, dann beiseitestellen.

2 Den Tee in einer Kanne mit dem restlichen Wasser aufbrühen und 5–6 Minuten ziehen lassen.

3 Den Tee durch ein Sieb in Tassen ausschenken, dann die salzige Karamellsauce hinzugeben und umrühren.

ZUM SERVIEREN Einen Löffel geschlagene Sahne auf jede Tasse geben.

HONGKONG-MILCHTEE

FÜR 4 PERSONEN

TEMPERATUR **100 °C** ZIEHZEIT **1 MIN.** ART **HEISS** MILCH **KONDENSMILCH**

Der »Seidenstrumpftee« war im Honkong der 1950er-Jahre ein Hit. Er wird sechsmal von einem Topf in einen anderen umgegossen, bevor man Milch und Zucker hinzugibt. Als Sieb wurde früher ein Baumwoll-Teenetz verwendet, daher der Name.

900 ml **Wasser**

je 1 EL **Keemun-, Assam- und Ceylon-Tee**

3 EL **Zucker**

350 ml **Kondensmilch** (kleine Dosen)

1 Das Wasser in einem Topf erhitzen und die Teeblätter hineingeben. 1 Minute kochen lassen. Vom Herd nehmen, Tee durch ein Sieb in einen zweiten Topf gießen.

2 Den Tee durch das Sieb mit den Teeblättern wieder in den ersten Topf gießen, insgesamt sechsmal umgießen.

3 Den Zucker in den heißen Tee einrühren. Die Milch in einem Topf erhitzen, aber nicht kochen. Vom Herd nehmen und in den Tee gießen.

ZUM SERVIEREN Tee in Tassen servieren. Heiß genießen.

Hongkong-Milchtee Die Kondensmilch verleiht dem Tee seine sahnig-cremige Textur.

SCHOKOFEIGE FÜR 4 PERSONEN

TEMPERATUR **100 °C** ZIEHZEIT **5 MIN.** ART **HEISS** MILCH **KUHMILCH (OPTIONAL)**

Die erdigen Noten des Pu-Erh und die Süße der Feigen ergänzen einander. Wählen Sie eine dunkle Schokolade mit hohem Kakaogehalt, damit die Mischung ihre volle Wirkung entfalten kann.

10 **getrocknete schwarze Feigen**

900 ml kochendes **Wasser**

20 g **dunkle Schokolade** (70 % Kakaoanteil oder mehr), fein gehackt

4 EL **Pu-Erh-Tee**

etwas **Milch** (nach Belieben)

1 Feigen 2 Minuten in etwas kochendem Wasser quellen lassen, in kleine Stücke schneiden.

2 Schokolade und Feigen in die Teekanne geben, mit 175 ml kochendem Wasser übergießen und umrühren.

3 Tee mit dem restlichen Wasser aufbrühen und 5 Minuten ziehen lassen. Durch ein Sieb zum Fruchtaufguss gießen.

ZUM SERVIEREN Nach Wunsch etwas Milch hinzugeben. Heiß genießen.

TIBETANISCHER BUTTERTEE FÜR 4 PERSONEN

TEMPERATUR **100 °C** ZIEHZEIT **1 MIN.** ART **HEISS** MILCH **KUHMILCH**

Der traditionell mit Yakmilch zubereitete, salzige tibetische Po Cha hat einen gewöhnungsbedürftigen Geschmack. Mit weniger Salz und etwas mehr Butter und Milch erhält man eine besonders cremige Konsistenz.

2 EL **Pu-Erh-Tee**

650 ml **Wasser**

¼ TL **Salz**

200 ml **Vollmilch** oder **Crème double**

3 EL **Butter**

Außerdem

Mixer

1 Tee mit dem Wasser in einen Topf geben, bei mittlerer Hitze zum Kochen bringen.

2 Salz zugeben, 1 Minute kochen. Vom Herd nehmen, 1 Minute ziehen lassen, durch ein Sieb in einen zweiten Topf abgießen.

3 Milch hinzugeben und bei schwacher Hitze 1 Minute köcheln. Mit der Butter in den Mixer geben und schaumig rühren.

ZUM SERVIEREN In Schalen oder Bechern servieren.

ROSE IM OBSTGARTEN

FÜR 4 PERSONEN

TEMPERATUR **100 °C** ZIEHZEIT **2 MIN.** ART **HEISS** MILCH **OHNE**

Kardamom und Rosenwasser verleihen dem spritzig-lebhaften Ceylon-Tee eine exotische Note. Honig und Apfel sorgen für eine willkommene Süße. Lassen Sie den Tee nicht zu lange ziehen, damit er nicht zu adstringierend wirkt.

1 **Apfel,** entkernt und gewürfelt

Samen von 8 **Kardamomkapseln,** zerstoßen

1 ½ TL **Rosenwasser**

3 TL **Honig**

870 ml kochendes **Wasser**

3 ½ EL **Ceylon-Tee**

4 **Rosenknospen** oder dünne **Apfelscheiben** zum Garnieren

1 Apfel, Kardamom, Rosenwasser und Honig in einer Teekanne mit 175 ml kochendem Wasser übergießen und 4 Minuten ziehen lassen.

2 Tee in einer zweiten Kanne mit dem restlichen Wasser aufbrühen und 2 Minuten ziehen lassen.

3 Den Tee durch ein Sieb zum Fruchtaufguss gießen und 3 Minuten ziehen lassen.

ZUM SERVIEREN In Tassen abseihen und jeweils mit je 1 Rosenknospe oder 1 Apfelscheibe garnieren.

WÜRZIGER CEYLON-TEE

FÜR 4 PERSONEN

TEMPERATUR **100 °C** ZIEHZEIT **2 MIN.** ART **HEISS** MILCH **OHNE**

Manche trinken Ceylon-Tee am liebsten pur, andere süßen ihn mit Zucker oder Honig. Diese würzige Version hat genau so viel Schärfe, dass der Tee noch wärmt, auch wenn er bereits abzukühlen beginnt.

Schale von 1 ½ **Bio-Limetten**

7,5 cm großes Stück **Jalapeño-Chili,** in Ringe geschnitten, mit Samen

900 ml kochendes **Wasser**

3 EL **Ceylon-Tee**

4 **Limettenscheiben** zum Garnieren

1 Limettenschale und Chili in einer Kanne mit 200 ml kochendem Wasser übergießen und ziehen lassen.

2 Tee in einer zweiten Kanne mit dem restlichen Wasser aufbrühen und 2 Minuten ziehen lassen.

3 Den Tee durch ein Sieb zum Chiliaufguss gießen und 2 Minuten ziehen lassen.

ZUM SERVIEREN In Tassen abseihen und mit Limettenscheiben garnieren.

YUZU-ASSAM-EISTEE

FÜR 2 PERSONEN

TEMPERATUR **100 °C** ZIEHZEIT **3 MIN.** ART **GEEIST** MILCH **OHNE**

Die Yuzu ist eine asiatische Zitrusfrucht mit einem zarten Aroma. Frische Früchte gibt es bei uns kaum, wenige Spezialitätengeschäfte führen die getrockenete Schale. Das Orangenblütenwasser hellt das tiefe Aroma des Assam etwas auf.

2 EL **Bio-Yuzu-Schale** oder eine Mischung aus Orangen- und Zitronenschale

6 Tropfen **Orangenblütenwasser**

2 EL **Assam-Tee**

450 ml kochendes **Wasser**

Eiswürfel

Außerdem

Stößel

1 Yuzu-Schale und Orangenblütenwasser auf zwei Gläser verteilen und mit dem Stößel zerdrücken.

2 Den Tee in einer Kanne mit dem kochenden Wasser aufbrühen und 3 Minuten ziehen lassen.

3 Tee durch ein Sieb zur Yuzu-Mischung gießen und abkühlen lassen.

ZUM SERVIEREN Eiswürfel hinzugeben und vor dem Servieren umrühren.

TEEGARTEN-EISTEE

FÜR 2 PERSONEN

TEMPERATUR **100 °C** ZIEHZEIT **2 MIN.** ART **GEEIST** MILCH **OHNE**

Ceylon-Tee ist bereits von sich aus köstlich und pikant, lässt sich aber auch gut mit anderen Aromen und Zutaten mischen. Die leichte Lakritznote des Basilikums sticht hervor und die Kaki sorgt für feine Süße.

2 EL klein gezupfte **frische** oder 1 EL **getrocknete Basilikumblätter**

1 Prise abgeriebene **Bio-Zitronenschale**

4 EL gewürfelte **frische** oder 3 EL **getrocknete Kaki**

2 EL **Ceylon-Tee**

500 ml kochendes **Wasser**

Eiswürfel

Außerdem

Stößel

1 Basilikum und Zitronenschale auf zwei Gläser verteilen und mit dem Stößel zerdrücken.

2 Die Kakiwürfel auf die Gläser verteilen.

3 Tee in einer Kanne mit kochendem Wasser aufbrühen und 2 Minuten ziehen lassen.

4 Tee durch ein Sieb zur Basilikum-Mischung in den Gläsern gießen und abkühlen lassen.

ZUM SERVIEREN Eiswürfel hinzugeben und sofort servieren.

BERGBLÜTE FÜR 2 PERSONEN

TEMPERATUR – | ZIEHZEIT **8 STD.** | ART **KALT** | MILCH **OHNE**

Bei kalten Aufgüssen geben die Teeblätter ihre Aromen langsam ab, was für einen süßeren Geschmack sorgt. Der abgerundete Charakter des Darjeeling vereint sich wunderbar mit der Süße der Trauben zu einem Tee, für den sich das Warten lohnt.

15 kernlose **weiße Trauben,** in Scheiben geschnitten

3 TL **Darjeeling-Tee** (Autumnal)

500 ml **Wasser**

Außerdem

Stößel

1 Die Hälfte der Trauben mit dem Stößel zerdrücken und mit den restlichen Trauben und den Teeblättern in eine Kanne (750 ml) mit Deckel geben.

2 Mit dem kalten Wasser übergießen, umrühren, abdecken und im Kühlschrank 8 Stunden ziehen lassen.

ZUM SERVIEREN Den Tee in Gläsern servieren.

TIPPY YUNNAN-EISTEE FÜR 2 PERSONEN

TEMPERATUR **100 °C** | ZIEHZEIT **2 MIN.** | ART **GEEIST** | MILCH **OHNE**

Yunnan-Tee hat ein kräftiges, tiefes Aroma, das gut zu den Zitrusnoten von Orange passt. Ein Hauch Orange und Vanille verleihen dem Eistee abgerundete Fruchtnoten.

½ TL abgeriebene **Bio-Orangenschale**

1 TL **Zucker**

1-cm-Stück aufgeschlitzte **Vanilleschote** oder ein paar Tropfen **Vanillearoma**

3 TL **Yunnan GFOP**

500 ml kochendes **Wasser**

Eiswürfel

2 **Orangenscheiben** zum Garnieren

1 Orangenschale, Zucker und Vanille in einen großen, hitzebeständigen Glaskrug geben.

2 Tee in einer Kanne mit dem kochenden Wasser aufbrühen und 2 Minuten ziehen lassen.

3 Den Tee durch ein Sieb zur Orangen-Vanille-Mischung gießen, umrühren und abkühlen lassen.

ZUM SERVIEREN Eiswürfel in den kalten Tee geben und auf zwei Gläser verteilen. Mit je 1 Orangenscheibe garnieren.

MASALA CHAI

Masala Chai kam während der britischen Kolonialzeit in Indien auf und wird inzwischen weltweit geschätzt. Durch die Vielzahl der verwendeten Gewürze kennt die Vielfalt der Chai-Tees praktisch keine Grenzen.

»Chai-Wallahs«, fliegende Teehändler, gibt es in Indien an jeder Straßenecke. Manche haben kleine Buden mit Dach, andere sitzen einfach auf dem Boden, mit nichts als einem Topf auf einer kleinen Feuerstelle neben sich. Die Teebereitung haben einige von ihnen zu einer wahren Kunst erhoben. Die Beigabe von Gewürzen und Milch erfolgt in einer erprobten Reihefolge und der Tee wird aus großer Höhe von einem Topf in den anderen umgegossen.

SIE BRAUCHEN:

Zutaten

- 6 Gewürznelken
- 2 Sternanis
- 1 Stück Zimtstange (ca. 7 ½ cm)
- 5 Kardamomkapseln
- 1 Stück frischer Ingwer (ca. 5 cm), in Scheiben geschnitten
- 1 gehäufter EL schwarzer Assam-Tee
- 650 ml Wasser
- 400 ml Büffel- oder Vollmilch
- 3–4 EL Zucker oder Honig (nach Belieben)

1 Alle Gewürze bis auf den Ingwer im Mörser zerstoßen, bis sie fein zerkrümelt sind und einen warmen, aromatischen Duft freisetzen.

2 Die zerstoßenen Gewürze mit den Ingwerscheiben und den Teeblättern bei mittlerer Hitze 3–4 Minuten in einem Topf anrösten, bis Gewürze und Tee zu duften beginnen. Dabei wiederholt mit einem Holzlöffel umrühren, damit nichts anbrennt.

VOLLER GESCHMACK UND ADSTRINGENZ DES ASSAM PASSEN GUT ZU KRÄFTIGEN GEWÜRZEN.

3 Die Mischung mit dem Wasser übergießen und bei starker Hitze aufkochen. Die Temperatur reduzieren und unter ständigem Rühren köcheln lassen.

4 Milch und nach Belieben Zucker hinzugeben und weiter rühren. Weitere 2 Minuten köcheln lassen, damit die Aromen sich verbinden. Den Topf vom Herd nehmen und den Tee durch ein Sieb in eine Kanne abgießen.

ZUM SERVIEREN

Aus etwa 30 cm Höhe in Becher füllen, sodass sich beim Einschenken auf der Oberfläche Schaum bildet.

CHAI-VARIATIONEN

Das Rezept für den Masala Chai von S. 182/183 lässt sich mit verschiedenen Gewürzen und anderen Zutaten, wie Schokolade, Alkohol oder Chili für leichte Schärfe, beliebig variieren. Nur säurehaltige Früchte eignen sich nicht, da die Milch sonst gerinnt.

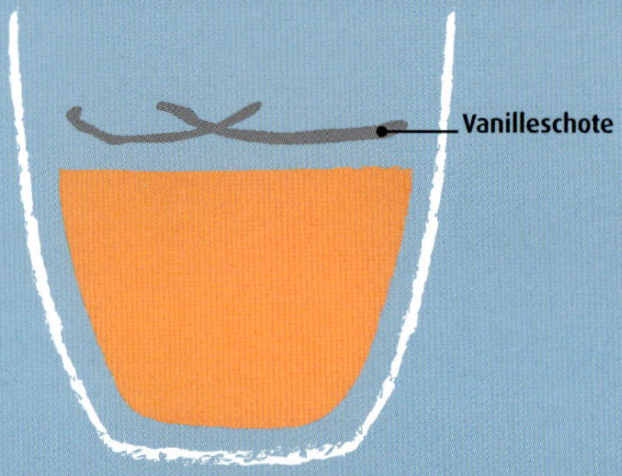

VANILLE-CHAI

Wenn die Mischung zu köcheln beginnt, zwei 2,5 cm lange Stücke aufgeschlitzte **Vanilleschote** zugeben. Alternativ ein paar Tropfen **Vanille- oder Mandelextrakt** am Ende des Kochvorgangs hineingeben.

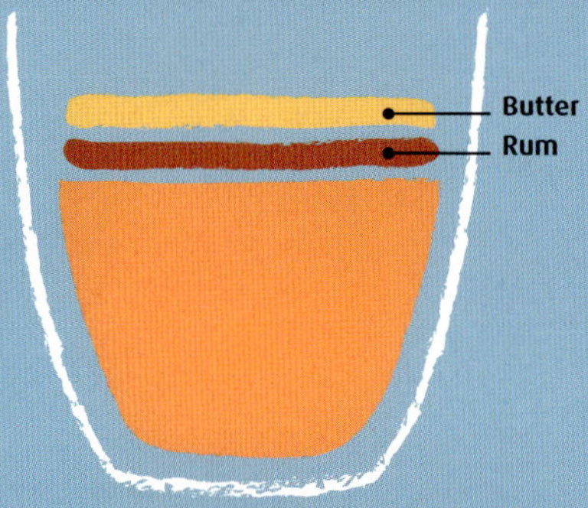

HOT BUTTERED RUM CHAI

Kurz vor dem Servieren pro Portion 2 EL **Rum** und 1 TL **Butter** hinzugeben. Wer es etwas stärker mag, nimmt etwas mehr Rum.

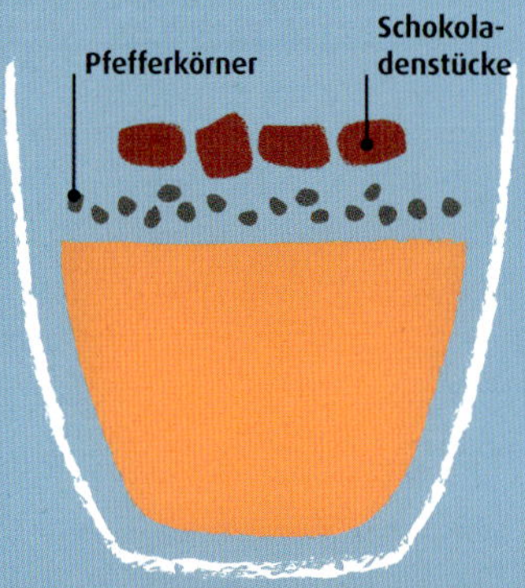

SCHARFER SCHOKO-CHAI

Zu Beginn ¼ TL **schwarze Pfefferkörner** und am Ende 25 g **dunkle Schokolade** hinzugeben. Mengen je nach Schärfeverträglichkeit und Geschmack anpassen. Ist der Chai zu stark geworden, etwas mehr Milch zugeben.

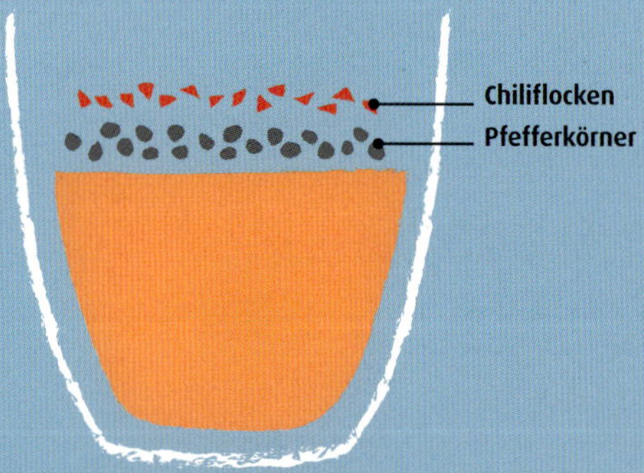

SCHARFER CHAI

Vor dem Zerstoßen ¼ TL **schwarze Pfefferkörner** oder **Chiliflocken** zu den Gewürzen geben. Beim Zerstoßen nicht tief einatmen, da Pfeffer und Chili Hustenreiz auslösen können. In einigen Regionen ist schwarzer Pfeffer eine traditionelle Zutat für Chai.

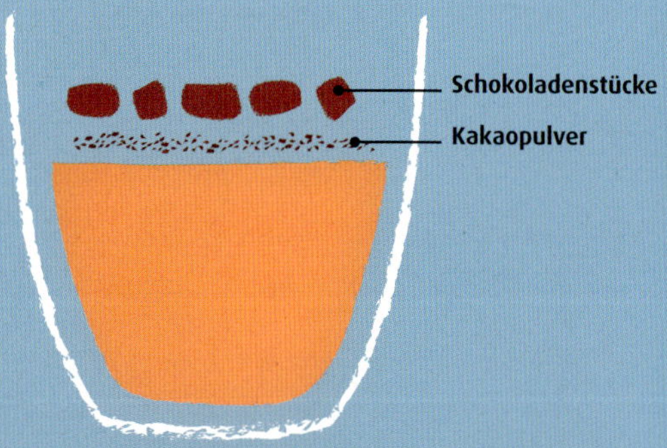

SCHOKO-CHAI

Für einen dessertartigen Chai 1 EL **ungesüßtes Kakaopulver** oder 15 g **Schokolade** (2 große Stücke) kurz vor Ende des Köchelvorgangs hinzugeben, bevor der Tee durch das Sieb gegossen wird. Für weißen Schoko-Chai 20 g **weiße Schokolade** (3 große Stücke) hinzugeben.

BEIM KOCHEN VON CHAI FÜLLT SICH DIE KÜCHE MIT WUNDERBAREN AROMEN UND DÜFTEN.

GRÜNER CHAI

In Kaschmir wird Chai mit **grünem Tee** zubereitet. Grüner Tee ist eine schöne Alternative zum dunklen, schweren Assam. Man verwendet dabei etwas weniger Gewürznelken und Zimt, dafür etwas mehr Kardamom.

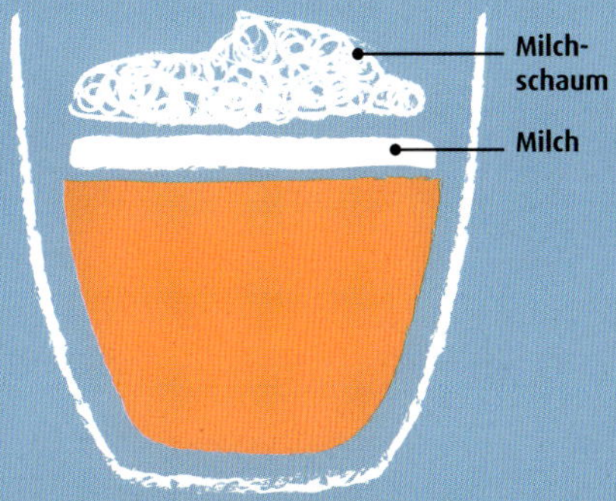

CHAI-LATTE

Etwas **Vollmilch** in einem separaten Topf erhitzen und mit einem Pürierstab oder Milchaufschäumer aufschäumen. Den Milchschaum auf den Chai geben. Je nach Geschmack alternativ Mandel- oder Kokosmilch verwenden.

MASALA-CHAI-KONZENTRAT

Es ist sehr praktisch, Masala-Chai-Konzentrat für Smoothies oder einen schnellen Chai-Eistee griffbereit im Kühlschrank zu haben. Auch ein warmer Chai-Latte ist mit warmer Milch und ein bis zwei Esslöffeln Konzentrat schnell gemacht. Die Zubereitung ist einfach, erfordert aber etwas Zeit.

Zutaten

3 EL Assam-Tee
1,2 l Wasser
75 ml Honig
1 Vanilleschote, aufgeschnitten
2 TL geriebener Ingwer
5 Gewürznelken
10 Kardamomkapseln, zerstoßen
1 TL Anissamen
3 Zimtstangen
1 TL gemahlene Muskatnuss

1 Alle Zutaten in einen Topf geben und bei mittlerer Hitze etwa 30 Minuten köcheln lassen. Die Flüssigkeit sollte um ein Drittel einkochen.

2 Flüssigkeit durch ein Sieb in einen Krug oder eine Flasche abgießen, abkühlen lassen und im Kühlschrank aufbewahren.

PFIRSICH-ASSAM-LATTE

FÜR 2 PERSONEN

TEMPERATUR **100 °C** ZIEHZEIT **3 MIN.** ART **LATTE** MILCH **KOKOSMILCH**

Reichhaltige Kokosmilch ist das Beste für einen cremigen Latte. Der Vanillezucker steuert dem fruchtigen Mix Süße bei. Ein raffiniertes Tee-Dessert als Nachtisch oder zum Brunch am Wochenende.

1 **reifer Pfirsich,** entsteint und in Spalten geschnitten, oder Pfirsich aus der Dose, abgetropft

650 ml kochendes **Wasser**

3 EL **Assam-Tee**

6 TL **Vanillezucker**

150 ml dicke obere Schicht der **Kokosmilch** und 2 EL von der Milch

Außerdem

Pürierstab

1 Die Pfirsichspalten in einer Teekanne mit 175 ml kochendem Wasser knapp bedecken.

2 Tee in einer zweiten Kanne mit dem restlichen Wasser aufbrühen und 3 Minuten ziehen lassen. Durch ein Sieb zum Fruchtaufguss gießen und 2 Minuten ziehen lassen.

3 In eine Schüssel umfüllen und mit Zucker, Kokossahne und -milch verrühren. Mit dem Pürierstab den Pfirsich pürieren und den Tee schaumig rühren.

ZUM SERVIEREN Heiß und mit etwas Kokossahne garniert servieren.

BITTERORANGEN-LATTE

FÜR 2 PERSONEN

TEMPERATUR **100 °C** ZIEHZEIT **3 MIN.** ART **LATTE** MILCH **MANDELMILCH**

Die herben Noten einer hochwertige Bitterorangenmarmelade passen ausgezeichnet zum kräftigen Geschmack des Assam-Tees. Die Mandelmilch gibt dem Latte eine volle Süße.

3 EL **Assam-Tee**

650 ml kochendes **Wasser**

240 ml **gesüßte Mandelmilch**

2 EL **Bitterorangenmarmelade**

1 Tee in einer Kanne mit kochendem Wasser aufbrühen und 3 Minuten ziehen lassen. Durch ein Sieb abgießen, die Blätter wegwerfen.

2 Mandelmilch mit der Marmelade bei schwacher Hitze in einem Topf erhitzen, bis die Marmelade ganz aufgelöst ist.

3 Orangenmilch durch ein Sieb, das die Schalen zurückhält, in den Tee gießen.

ZUM SERVIEREN Aus einiger Höhe in Tassen gießen, damit sich Schaum bildet. Heiß genießen.

HERB
ZITRUS-FRUCHTIG
CREMIG

SCHOKO-PU-ERH FÜR 2 PERSONEN

TEMPERATUR **100 °C** ZIEHZEIT **2 MIN.** ART **COCKTAIL** MILCH **OHNE**

Schokolade und Pu-Erh-Tee haben beide ein kräftiges, dunkles Aroma und werden häufig gemischt. Beim Schoko-Pu-Erh werden Schokoladenbitter und Pu-Erh mit weißem Rum zu einem samtigen Drink kombiniert.

3 EL **Pu-Erh-Tee**
400 ml kochendes **Wasser**
120 ml **weißer Rum**
4 EL **Schokoladenbitter**
Eiswürfel

Außerdem
Cocktailshaker

1 Tee in einer Kanne mit dem kochenden Wasser aufbrühen und 2 Minuten ziehen lassen.

2 In den Cocktailshaker gießen und abkühlen lassen. Weißen Rum und Schokoladenbitter zugeben und den Shaker mit Eiswürfeln auffüllen.

ZUM SERVIEREN Einige Sekunden kräftig shaken, dann in Cocktailgläser abseihen und sofort servieren.

SHERRY-ASSAM FÜR 2 PERSONEN

TEMPERATUR **100 °C** ZIEHZEIT **3 MIN.** ART **COCKTAIL** MILCH **OHNE**

Der Cocktail, der als Aperitif gereicht wird, schmeckt wie ein kräftiger »Teewein«. Die Reduktion kann auch aus anderem Schwarztee gekocht werden und hält sich im Kühlschrank mehrere Wochen, tiefgekühlt sogar bis zu sechs Monate.

1 EL **Assam-Tee**
240 ml kochendes **Wasser**
3 EL **Zucker**
75 ml **Sherry medium-dry**
4 **Zitronentwists** zum Garnieren

1 Den Tee in einer Kanne mit dem kochenden Wasser aufbrühen und 3 Minuten ziehen lassen.

2 Durch ein Sieb in einen Topf abgießen und den Zucker einrühren.

3 Tee bei starker Hitze 15 Minuten kochen lassen, bis er um zwei Drittel eingekocht ist.

4 Die Reduktion abkühlen lassen und dann den Sherry einrühren.

ZUM SERVIEREN In Weingläsern mit Zitronentwists garniert servieren.

Keemun-Alexander Der cremig-malzige Cocktail auf Schokoladenbasis ist ein köstlicher Abenddrink.

KEEMUN-ALEXANDER FÜR 2 PERSONEN

TEMPERATUR **100 °C** ZIEHZEIT **3 MIN.** ART **COCKTAIL** MILCH **CRÈME DOUBLE**

Der Gin-Cocktail Alexander ist ein Klassiker, der Anfang des 20. Jh. erfunden wurde. In dieser köstlich sahnigen Tee-Version ersetzen Schokoladenbitter, malziger Keemun und Crème double den Crème de Cacao.

2 EL **Keemun**

400 ml kochendes **Wasser**

20 g **dunkle Schokolade**

120 ml **Gin**

1 TL **Schokoladenbitter**

3 EL **Crème double**

1 Den Tee in einer Kanne mit dem kochenden Wasser aufbrühen und 3 Minuten ziehen lassen.

2 Durch ein Sieb in einen Krug umfüllen, die Schokolade hinzugeben und unter Rühren schmelzen. Abkühlen lassen.

3 Gin, Schokoladenbitter und Crème double in den kalten Tee einrühren.

ZUM SERVIEREN In mit Zuckerrand dekorierten Gläsern servieren.

LONG ISLAND ICED TEA FÜR 2 PERSONEN

TEMPERATUR – ZIEHZEIT – ART **COCKTAIL** MILCH **OHNE**

Das einzige, was dieser klassische amerikanische Drink mit Tee gemeinsam hat, ist die Farbe. Er sieht aus wie Eistee, enthält aber keinen einzigen Tropfen Tee und steigt gut zu Kopf.

je 30 ml **Gin, Tequila, Wodka, weißer Rum, Triple Sec** und **Zuckersirup**

60 ml **Zitronensaft**

Eiswürfel

120 ml **Cola**

2 **Zitronenspalten** zum Garnieren

Außerdem

Cocktailshaker

1 Die Zutaten bis auf die Cola in den Shaker geben und mit Eiswürfeln auffüllen. Mehrere Sekunden kräftig shaken.

2 In hohe, mit Eis gefüllte Gläser abseihen und mit Cola auffüllen.

ZUM SERVIEREN Jedes Glas mit einer Zitronenspalte garnieren.

PU-ERH-SANGRIA FÜR 4 PERSONEN

TEMPERATUR **100 °C** ZIEHZEIT **4 MIN.** ART **COCKTAIL** MILCH **OHNE**

Das Schöne an Sangria ist, dass man sie im Voraus zubereiten kann, da sie durch längeres Ziehen im Kühlschrank nur besser wird. Die Früchte nehmen Wein, Cognac und Pu-Erh-Tee auf und sind köstlich. Halten Sie Löffel bereit.

1 **Pfirsich,** entsteint und in Spalten geschnitten

12 **Erdbeeren,** in Scheiben geschnitten

1 **Orange,** filetiert

2 EL **Pu-Erh-Tee**

240 ml kochendes **Wasser**

75 ml **Grand Marnier**

400 ml **Rotwein**

Eiswürfel

1 Das Obst in einen Krug (1,4 l) geben.

2 Den Tee in einer Kanne mit dem kochenden Wasser aufbrühen und 4 Minuten ziehen lassen.

3 Abkühlen lassen und über das Obst gießen. Grand Marnier, Wein und Eiswürfel hinzugeben und umrühren.

ZUM SERVIEREN In Weingläsern servieren.

ZEIT DES MONSUN FÜR 4 PERSONEN

TEMPERATUR **100 °C** ZIEHZEIT **–** ART **COCKTAIL** MILCH **OHNE**

Bei dieser Cocktail-Version eines Zitronentees sorgt die Ceylon-Tee-Reduktion für ein kräftiges Teearoma, das sich gegen den Wodka zu behaupten weiß. Der Limoncello steuert sowohl Zitrussäure als auch Süße bei.

4 EL Ceylon-Tee-Reduktion:

1 EL **Ceylon-Tee**

240 ml kochendes **Wasser**

3 EL **Zucker**

je 60 ml **Wodka** und **Limoncello**

Eiswürfel

200 ml **Sodawasser**

4 **Zitronenscheiben** zum Garnieren

Außerdem

Cocktailshaker

1 Die Ceylon-Reduktion nach dem Rezept für die Assam-Reduktion auf S. 187 (siehe Rezept Sherry-Assam) zubereiten.

2 Wodka und Limoncello mit der Reduktion in den Shaker geben und 1 Minute kräftig shaken.

ZUM SERVIEREN In bis zu Hälfte mit Eiswürfeln gefüllte Cocktailgläser absiehen und mit Sodawasser auffüllen. Mit Zitronenscheiben garnieren.

DUFTENDE PAGODE FÜR 4 PERSONEN

TEMPERATUR **80 °C** ZIEHZEIT **2 MIN.** ART **HEISS** MILCH **OHNE**

Der seltene gelbe Tee mit seinem feinen Aroma stammt vom Dongting-See in der Provinz Hunan. Der Holunderblütensirup ist zwar wahrnehmbar, aber nicht so stark, dass er die süßen Noten des Tees übertönen würde.

3 EL **Jun Shan Yin Zhen**

900 ml 80 °C heißes **Wasser**

10 Tropfen **Holunderblütensirup**

1 Den Tee in einer Kanne mit dem heißen Wasser aufbrühen und 2 Minuten ziehen lassen.

2 Kurz vor dem Abgießen des Aufgusses den Holunderblütensirup einrühren. Ein paar Teeblätter zum Garnieren beiseitelegen.

ZUM SERVIEREN Den Tee durch ein Sieb in Becher gießen und mit Teeblättern garniert servieren.

SOMMERPALAST FÜR 2 PERSONEN

TEMPERATUR **80 °C** ZIEHZEIT **2 MIN.** ART **GEEIST** MILCH **OHNE**

Huo Shan Huang Ya ist ein leichter, eleganter Tee mit einem zarten Röstaroma. Auf Eis wird er zum leichten, klaren Durstlöscher mit einer apfelartigen Süße, die von der Sternfrucht stammt, sowie grasigen und fruchtigen Noten.

1 **Sternfrucht,** in Scheiben geschnitten, und 2 dünne Scheiben zum Garnieren

100 ml kochendes **Wasser** und 400 ml 80 °C heißes Wasser

1 EL **Huo Shan Huang Ya**

2 TL **Honig**

Eiswürfel

1 Die Sternfrucht in einer Teekanne mit dem kochenden Wasser übergießen und 1 Minute ziehen lassen.

2 Tee und heißes Wasser dazugeben und weitere 2 Minuten ziehen lassen.

3 Durch ein Sieb in zwei Gläser gießen und den Honig einrühren. Abkühlen lassen. Eiswürfel hinzugeben und umrühren.

ZUM SERVIEREN Mit Sternfruchtscheiben garnieren.

BUBBLE TEA

Die aromatisierten Frucht- oder Milchtees haben ihren Namen von den Tapiokaperlen (Boba) am Boden, die ihnen Textur, Süße und einen optischen Reiz verleihen. Das Anfang der 1980er-Jahre in Taiwan erfundene Getränk sorgt weltweit für Vergnügen und Genuss.

TARO-BUBBLE TEA ZUBEREITEN

Das schaumige Getränk hat seine hübsche Fliederfarbe und die milchshakeartige Konsistenz von der Tarowurzel. Die Tapiokaperlen bringen Spaß: Sie bestehen aus gesüßter Stärke, sinken auf den Grund des Glases und lassen sich nur durch einen sehr dicken Trinkhalm ansaugen.

SIE BRAUCHEN:

Zutaten

75 g Tapiokaperlen

110 g Zucker

200 g Tarowurzel, geschält und gehackt

Honig oder Zucker (nach Belieben)

Außerdem

Pürierstab

1 In einem großen Topf 1 l Wasser zum Kochen bringen. Darin die Tapiokaperlen 1–2 Minuten kochen, bis sie an die Oberfläche steigen und weich werden. Die Temperatur auf mittlere Hitze reduzieren, abdecken und 5 Minuten weiter köcheln lassen.

2 Perlen mit einem Schaumlöffel in eine Schüssel mit kaltem Wasser geben, damit sie nicht verkleben. 120 ml Wasser zum Kochen bringen, Zucker dazugeben und 2 Minuten kochen. Abkühlen lassen. Perlen 15 Minuten in den Sirup einlegen.

3 Die Tarowurzel 20 Minuten in einem Topf mit 480 ml Wasser kochen, bis sie weich ist. Den Topf vom Herd nehmen und das Wasser weggießen. Die Tarowurzel mit frischem Wasser oder Milch glatt pürieren, bis sie eine trinkbare Konsistenz hat. Nach Belieben mit Zucker oder Honig süßen. In zwei Gläser gießen und jeweils die Hälfte der Tapiokaperlen hineingeben.

TAROWURZEL
Die vielseitige Wurzel kann geröstet, gekocht oder gebacken werden und ist reich an Kalium und Faserstoffen.

Bubble Tea Das farbenfrohe Getränk schmeckt am besten mit frisch zubereiteten Tapiokaperlen.

BOBA HERSTELLEN

Sphärisierung ist ein Verfahren aus der Molekularküche: Flüssigkeiten werden in feste Kapseln mit flüssigem Kern (Sphären) verwandelt, die sich mit der Zunge am Gaumen zerdrücken lassen. Für Bubble Tea lassen sich diese platzenden Perlen, auch Fruchtkaviar oder Boba genannt, aus vielen verschiedenen Säften und Tees herstellen.

SIE BRAUCHEN:

Zutaten

6 g Natriumalginat

10 g Kalziumchloridgranulat

Säfte, Kräutertees oder Tees zum Aromatisieren des Alginats

Außerdem

Pürierstab

Pipette oder Tropfflasche

Die Mengen können halbiert werden, wenn die Zubereitung der Perlen nicht so viel Zeit in Anspruch nehmen soll.

1 Das Natriumalginat mit 650 ml Wasser in eine tiefe Schüssel geben und 5–10 Minuten mit dem Pürierstab verquirlen. In einen großen Topf geben und aufkochen. Vom Herd nehmen, wieder in die Schüssel geben und abkühlen lassen.

2 In einer zweiten Schüssel 2 Teile Saft oder starken Tee mit 3 Teilen abgekühltem Alginat vermischen. In einer weiteren tiefen Schüssel das Kalziumchlorid durch 1–2-minütiges Rühren in 2 l Wasser lösen (die Flüssigkeit ist farblos).

3 Das Frucht- oder Teealginat in eine Pipette oder Tropfflasche füllen und tropfenweise in die Kalziumchloridlösung geben.

4 Die Sphären (Perlen) mit einem Schaumlöffel herausheben und sofort verwenden, da sie in wenigen Stunden aushärten. 500 ml Tee nach Wunsch auf zwei Gläser verteilen und je die Hälfte der Perlen hineingeben.

Platzende Perlen »Popping Boba« voller süßem Saft oder anderen schmackhaften Flüssigkeiten sind der Clou am Bubble Tea.

BUBBLE TEAS

Sobald man das traditionelle Bubble-Tea-Rezept (S. 192) beherrscht, kann man mit verschiedenen Geschmacksrichtungen experimentieren. Probieren Sie verschiedene Teesorten und Fruchtaufgüsse. Für den Anfang finden Sie hier ein paar Anregungen.

MANGO MIT SCHWARZTEE

Kräftigen **Assam-Tee** mit **Mango** schaumig aufschlagen, nach Geschmack mit **Honig** süßen. Mit **Tapiokaperlen** servieren.

ANANAS-KOKOS

Ananasstücke in **Kokosnusswasser** pürieren und mit **Ananassaft-Boba** schaumig aufschlagen.

CHAI

Ein **traditioneller Chai** mit **Schokoladenmilch-Boba** als Überraschungseffekt.

MINZ-MATCHA

Ein wenig **Matcha-Pulver** in einen **Minztee** einrühren und **Minztee-Boba** hineingeben.

SCHOKO-MANDELMILCH

Ungesüßtes Kakaopulver in **warme Mandelmilch** mit **Honig** einrühren. Mit **Tapiokaperlen** servieren.

TIE GUAN YIN

Aromatischen **Oolong** mit köstlichen **Aprikosensaft-Boba** ergänzen.

MENGENVERHÄLTNISSE
Ergibt 2 Gläser
500 ml vorbereiteter Tee
240 ml Fruchtpüree (falls im Rezept gefordert)
240 ml Boba
6 Eiswürfel (falls im Rezept gefordert)

DIE BOBA GEBEN DEM SÄTTIGENDEN GETRÄNK TEXTUR UND PFIFF.

GUNPOWDER MIT KOKOSMILCH

Gunpowder-Tee mit **Kokosmilch** verquirlen und **Kokosmilch-Boba** hineingeben.

SHOU MEI MIT REISMILCH

Shou-Mei-Tee mit warmer, **gesüßter Reismilch** mischen. Dazu passen fruchtige **Birnensaft-Boba**.

KAMILLE MIT MANDELMILCH

Kamillentee mit warmer **Mandelmilch** mischen. Dazu passen süße **Ananas-Boba**.

PFEFFERMINZ MIT HONIG

Pfefferminztee und **Honig** mit **Eiswürfeln** mixen und **Zitronenlimonade-Boba** hineingeben.

ORANGE, ANANAS & KAMILLE

Obst und **Eiswürfel** mit **Kamillentee** schaumig mixen, mit **Honig** süßen und mit **Kokosmilch-Boba** servieren.

INGWER MIT MANDELMILCH

Heiße, **gesüßte Mandelmilch** mit **gehacktem Ingwer** ziehen lassen, abseihen, **Ginger-Ale-Boba** hineingeben.

ZITRUS-TULSI FÜR 4 PERSONEN

TEMPERATUR **100 °C** ZIEHZEIT **5 MIN.** ART **HEISS** MILCH **ohne**

Tulsi (oder Indisches Basilikum) besitzt würzige und süße Noten, die an schwarzen Pfeffer und Anis erinnern. In Verbindung mit Orange und Zimt erblüht es zu belebender Frische.

3 **Zimtstangen** (je ca. 7,5 cm), zerstoßen oder zerkrümelt

3 TL abgeriebene **Bio-Orangenschale** und 4 Orangenscheiben zum Garnieren

870 ml kochendes **Wasser**

4 EL **Tulsi-Blätter**

1 Zimt und Orangenschale in einer Kanne mit 120 ml kochendem Wasser übergießen und beiseitestellen.

2 Tulsi-Blätter in einer zweiten Kanne mit dem restlichen Wasser aufbrühen und 5 Minuten ziehen lassen.

3 Tulsiaufguss durch ein Sieb zum Zimtaufguss gießen.

ZUM SERVIEREN Auf vier Becher verteilen und mit Orangenscheiben garnieren.

APFEL-INGWER-ROIBUSCH FÜR 4 PERSONEN

TEMPERATUR **100 °C** ZIEHZEIT **6 MIN.** ART **HEISS** MILCH **OHNE**

Der fruchtige Charakter des Roibusch kommt durch die Zugabe von Früchten und Gewürzen voll zur Geltung. Ingwer und Apfel geben Süße und Pep. Der Kräutertee beruhigt einen rauen Hals und ist eine koffeinfreie Erfrischung.

1 **Apfel,** entkernt und gewürfelt, und 4 dünne Apfelscheiben zum Garnieren

½ TL geriebener **Ingwer**

870 ml kochendes **Wasser**

3 EL **Roibuschtee**

1 Apfel und Ingwer in einer Kanne mit 120 ml kochendem Wasser übergießen und ziehen lassen.

2 Tee in einer zweiten Kanne mit dem restlichen Wasser aufbrühen und 6 Minuten ziehen lassen.

3 Den Tee durch ein Sieb zum Apfel-Ingwer-Aufguss geben und 1 Minute ziehen lassen.

ZUM SERVIEREN Durch ein Sieb in Becher ausschenken und jeweils mit 1 Apfelscheibe garnieren.

LORBEER-FEIGE

FÜR 4 PERSONEN

TEMPERATUR **100 °C** ZIEHZEIT **5 MIN.** ART **HEISS** MILCH **OHNE**

Der aus der mediterranen Küche bekannte Lorbeer gibt einen angenehm herzhaften Geschmack. Kosten Sie von den mit Lorbeer aromatisierten Feigen, nachdem Sie den süß-fruchtigen Tee abgegossen haben.

8 **Feigen,** in Scheiben geschnitten

3 **frische** oder **getrocknete Lorbeerblätter,** klein gezupft

1 Prise **Süßholzwurzelpulver**

900 ml kochendes **Wasser**

Außerdem

Stößel

1 Die Feigen in einer Schale mit dem Stößel zerdrücken.

2 Feigen und Lorbeerblätter mit dem Süßholzwurzelpulver in eine Kanne geben, mit dem kochenden Wasser übergießen und 5 Minuten ziehen lassen.

ZUM SERVIEREN Durch ein Sieb in Tassen gießen. Heiß genießen.

ZICHORIEN-MOKKA

FÜR 4 PERSONEN

TEMPERATUR **100 °C** ZIEHZEIT **4 MIN.** ART **HEISS** MILCH **KUHMILCH (OPTIONAL)**

Rohe Kakaonibs sind etwas bitter, stecken aber voller Antioxidantien. Die geröstete Zichorienwurzel entgiftet den Körper und unterstützt die Verdauung. Zusammen ergeben diese Zutaten ein wirksames Getränk zur Regenaration.

2 EL grob geriebene **geröstete Zichorienwurzel**

12 **rohe Kakaonibs,** zerstoßen

900 ml kochendes **Wasser**

Honig oder **Zucker** (nach Belieben)

4 Stücke **Zartbitterschokolade** zum Servieren

1 Zichorienwurzel und Kakaonibs (mit Schalen) in eine Kanne geben.

2 Mit dem kochenden Wasser übergießen und 4 Minuten ziehen lassen.

3 Durch ein Sieb in Tassen oder Becher gießen und nach Belieben süßen und Milch dazugeben.

ZUM SERVIEREN Mit einem Stück dunkler Schokolade servieren.

HIMBEER-VERBENE

FÜR 4 PERSONEN

TEMPERATUR **100 °C** ZIEHZEIT **4 MIN.** ART **HEISS** MILCH **OHNE**

Die Himbeeren sorgen für eine wunderbare korallenrote Farbe und geben zusammen mit der beruhigenden und lindernden Verbene ein natürliches Gesundheitstonikum. Der Geschmack ist sauer, aber nicht beißend.

10 große **Himbeeren** (frisch oder gefroren) und 4 Himbeeren zum Garnieren

3 EL getrocknete **Zitronenverbene**

900 ml kochendes **Wasser**

Außerdem

Stößel

1 Die Himbeeren in einer Kanne mit dem Stößel zerdrücken.

2 Die Verbene hinzugeben und mit dem kochenden Wasser übergießen. 4 Minuten ziehen lassen.

ZUM SERVIEREN Durch ein Sieb in Tassen gießen und jeweils mit 1 Himbeere garnieren.

WIESEN-ROIBUSCH

FÜR 4 PERSONEN

TEMPERATUR **100 °C** ZIEHZEIT **4 MIN.** ART **HEISS** MILCH **OHNE**

Ein Klassiker aus getrockneten Zutaten. Kamille und Lavendel beruhigen, lindern und entspannen, der Roibuschtee steckt voller Antioxidantien und liefert eine solide geschmackliche Basis und die schöne Kupferfarbe.

1 EL **Roibuschtee**

3 EL **Kamillenblüten** und Blüten zum Garnieren

etwa 30 **Lavendelblüten** und Blüten zum Garnieren

900 ml kochendes **Wasser**

1 Roibuschtee, Kamillen- und Lavendelblüten in einer Kanne mit kochendem Wasser aufbrühen und 4 Minuten ziehen lassen.

2 Durch ein Sieb in Tassen oder Becher gießen.

ZUM SERVIEREN Mit Lavendel- und Kamillenblüten garnieren.

Himbeer-Verbene Ein Kräutertee in einer kräftigen Farbe, der gleichzeitig sauer, fruchtig und beruhigend ist.

FRÜHLINGSBOTE FÜR 4 PERSONEN

TEMPERATUR **100 °C** ZIEHZEIT **5 MIN.** ART **HEISS** MILCH **OHNE**

Holunderblüten duften sehr stark, deshalb braucht man nur eine kleine Menge davon. Die Maulbeerblätter geben eine natürliche Süße. Beide Kräuter sind in dieser Mischung sehr schön ausbalanciert.

5 EL **getrocknete Maulbeerblätter**

2 TL **getrocknete Holunderblüten**

900 ml kochendes **Wasser**

1 Blätter und Blüten zusammen in eine Kanne geben.

2 Mit dem kochenden Wasser übergießen und 5 Minuten ziehen lassen.

ZUM SERVIEREN In Tassen oder Bechern servieren. Heiß genießen.

FENCHEL, ZITRONENGRAS & BIRNE FÜR 4 PERSONEN

TEMPERATUR **100°C** ZIEHZEIT **5 MIN.** ART **HEISS** MILCH **OHNE**

Zitronengras ist stark antioxidativ und Fenchel ein Allzweckkraut, das die Verdauung fördert, entzündungshemmend wirkt und entgiftet. Zusammen machen sie diese süße und erfrischende Mischung zum Gesundheitstrunk.

1 **Birne,** entkernt und in Scheiben geschnitten

1 ½ getrocknete Stängel **Zitronengras**

1 TL **Fenchelsamen**

900 ml kochendes **Wasser**

Außerdem

Stößel

1 Die Hälfte der Birnenscheiben mit dem Stößel zerdrücken. Mit den restlichen Scheiben, Zitronengras und Fenchelsamen in eine Kanne geben.

2 Mit dem kochenden Wasser übergießen und 5 Minuten ziehen lassen.

ZUM SERVIEREN Durch ein Sieb in Tassen oder Becher gießen und heiß genießen.

BAMBUSBLATT, KAMILLE & ANANAS

FÜR 4 PERSONEN

TEMPERATUR **100°C** ZIEHZEIT **5 MIN.** ART **HEISS** MILCH **OHNE**

Bambusblätter sind zart wie Federn und geben eine schöne grüne Farbe. Der Tee ist eine wohlschmeckende Alternative zu Grüntee, wenn es mal ohne Koffein sein soll. Die Ananas unterstreicht die fruchtigen Noten der Kamille.

8 EL **getrocknete Bambusblätter** und Blätter zum Garnieren

1 EL **getrocknete Kamillenblüten**

65 g **Ananas,** gewürfelt

900 ml kochendes **Wasser**

1 Bambusblätter, Kamille und Ananas in eine Kanne geben.

2 Mit dem kochenden Wasser übergießen und 5 Minuten ziehen lassen.

ZUM SERVIEREN Durch ein Sieb in weiße Porzellantassen gießen, in denen die Farbe besonders schön wirkt, und mit Bambusblättern garnieren. Heiß genießen.

HAGEBUTTE, INGWER & ZITRONE

TEMPERATUR **100 °C** ZIEHZEIT **5 MIN.** ART **HEISS** MILCH **OHNE** **FÜR 4 PERSONEN**

Lauter gesunde Zutaten: Hagebutten stecken voller Vitamin C, während Ingwer und Zitrone kraftvoll Erkältungsbeschwerden lindern und Entzündungen hemmen.

20 g **getrocknete Hagebutten** (ca. 25 Stück), zerdrückt

½ TL **geriebener Ingwer**

½ TL **abgeriebene Bio-Zitronenschale** und 4 dünne Zitronenscheiben zum Garnieren

900 ml kochendes **Wasser**

Honig zum Servieren (nach Belieben)

1 Hagebutten, Ingwer und Zitronenschale in einer Kanne mit dem kochenden Wasser übergießen.

2 5 Minuten ziehen lassen, dann durch ein Sieb in Tassen gießen.

ZUM SERVIEREN Mit je 1 Zitronenscheibe garnieren, nach Belieben mit Honig süßen und heiß genießen.

ROSY ROIBUSCH FÜR 2 PERSONEN

TEMPERATUR **100 °C** ZIEHZEIT **5 MIN.** ART **GEEIST** MILCH **OHNE**

Beim Mischen von Roibusch mit anderen Aromen ist mitunter Zurückhaltung angebracht. Doch er gibt eine schöne Bernsteinfarbe und in diesem Fall passt er bestens zu den Rosenknospen und der Vanille.

2 EL leicht zerdrückte **Rosenknospen** und 2 Knospen zum Garnieren

1 EL **Roibuschtee**

1 Stück **Vanilleschote** (ca. 2½ cm), aufgeschlitzt

500 ml kochendes **Wasser**

Eiswürfel

1 Zerdrückte Rosenknospen mit Tee und Vanilleschote in einer Kanne mit dem kochendem Wasser übergießen und 5 Minuten ziehen lassen.

2 Durch ein Sieb in Glastassen gießen und abkühlen lassen.

ZUM SERVIEREN Eiswürfel hinzugeben, umrühren und mit Rosenknospen garnieren.

ERFRISCHENDE GURKE FÜR 2 PERSONEN

TEMPERATUR **100 °C** ZIEHZEIT **5 MIN.** ART **GEEIST** MILCH **OHNE**

Die Zutaten verkünden den Sommer. Frisches Basilikum und frische Minze sind für dieses Rezept am besten geeignet, mit getrockneten Kräutern wird der Aufguss nicht ganz so lebhaft und erfrischend.

1 EL klein gezupfte **Minzblätter**

1 EL klein gezupfte **Basilikumblätter**

500 ml kochendes **Wasser**

½ **Gurke,** in Scheiben geschnitten

Eiswürfel

Außerdem

Stößel

1 Minze und Basilikum mit dem Stößel zerdrücken, um die Säfte freizusetzen.

2 In einer Kanne mit dem kochenden Wasser übergießen und 5 Minuten ziehen lassen. Abkühlen lassen.

3 Die Gurke auf zwei Gläser verteilen und den Aufguss darübergeben.

ZUM SERVIEREN Vor dem Servieren mit Eis auffüllen.

Rosy Roibusch Der duftende, süße und koffeinfreie Tee ist köstlich und dazu noch schön anzusehen.

MAI BIS SEPTEMBER

FÜR 2 PERSONEN

TEMPERATUR **100 °C** ZIEHZEIT **5 MIN.** ART **GEEIST** MILCH **OHNE**

Der Holunder blüht zum Sommeranfang, während seine Beeren das Ende des Sommers verkünden. Deshalb werden hier beide in getrockneter Form verwendet. Der granatrote Eistee ist ein elegantes Getränk für warme Herbsttage.

1¼ TL **getrocknete Holunderbeeren**

1 EL **getrocknete Holunderblüten** und Blüten zum Garnieren

500 ml kochendes **Wasser**

1 TL **Honig**

Eiswürfel

1 Beeren und Blüten in einer Kanne mit dem kochenden Wasser übergießen und 5 Minuten ziehen lassen.

2 Durch ein Sieb in einen Glaskrug abgießen, den Honig einrühren und abkühlen lassen. Ein paar von den Blüten zum Garnieren beiseitelegen.

ZUM SERVIEREN In zwei Gläser gießen, mit Eis auffüllen, umrühren und mit den Blüten garnieren.

KAMILLE & ROTKLEE

FÜR 2 PERSONEN

TEMPERATUR **100 °C** ZIEHZEIT **5 MIN.** ART **GEEIST** MILCH **OHNE**

Kamille besitzt eine konzentrierte Süße und dominiert schnell. Damit sie in dieser Mischung die Kleeblüten nicht übertönt, nur eine kleine Menge verwenden. Die Kräuter beruhigen, der Apfel spendet entzündungshemmende Wirkstoffe.

1 EL **getrocknete Kamillenblüten**

3 EL **getrocknete Rotkleeblüten,** leicht zerkrümelt

1 großer **Apfel,** entkernt und klein gewürfelt, und 4 dünne Scheiben zum Garnieren

500 ml kochendes **Wasser**

Eiswürfel

1 Kamille und Rotklee mit dem Apfel in einer Kanne mit dem kochenden Wasser übergießen und 5 Minuten ziehen lassen.

2 Durch ein Sieb in einen Glaskrug umfüllen und abkühlen lassen.

ZUM SERVIEREN In zwei Gläser gießen, mit Eis auffüllen und umrühren. Mit Apfelscheiben garniert servieren.

INGWER-MATE FÜR 2 PERSONEN

TEMPERATUR **90 °C** ZIEHZEIT **5 MIN.** ART **GEEIST** MILCH **OHNE**

Traditionell brüht man Mate in einer Calabaza auf und trinkt ihn reihum durch ein Trinkrohr, die Bombilla. Diese Eistee-Variante bekommt durch Ingwer und Honig zusätzlichen Pep.

2 EL **grüne Mateblätter**

½ TL **geriebener Ingwer**

500 ml 90 °C heißes **Wasser**

1 TL **Honig**

Eiswürfel

1 Mate und Ingwer in einer Kanne mit dem heißen Wasser aufbrühen und 5 Minuten ziehen lassen.

2 Durch ein Sieb in einen Glaskrug umfüllen und den Honig einrühren. Abkühlen lassen, dann kalt stellen.

ZUM SERVIEREN In zwei Gläser gießen und mit Eis auffüllen.

ANIS & KIRSCHE FÜR 2 PERSONEN

TEMPERATUR **100 °C** ZIEHZEIT **5 MIN.** ART **GEEIST** MILCH **OHNE**

Anis besitzt eine natürliche Süße und einen starken Lakritzgeschmack. Beides passt gut zur Fruchtsüße der Kirsche und verleiht dem Aufguss zugleich unerwartete Würze.

20 **dunkle Kirschen,** frisch oder tiefgekühlt, entkernt und halbiert, und ganze Kirschen zum Garnieren

1 TL **Anissamen**

500 ml kochendes **Wasser**

Eiswürfel

Außerdem

Stößel

1 Die Kirschen in einer Kanne mit dem Stößel zerdrücken. Anis und kochendes Wasser hinzugeben und 5 Minuten ziehen lassen.

2 Durch ein Sieb in eine Glaskanne umfüllen, abkühlen lassen und kalt stellen.

3 Eiswürfel hinzugeben und umrühren.

ZUM SERVIEREN In zwei Gläser gießen und mit ganzen Kirschen garnieren.

LIMETTEN-MATE

FÜR 2 PERSONEN

TEMPERATUR **100 °C** ZIEHZEIT **5 MIN.** ART **GEEIST** MILCH **OHNE**

Der Matestrauch ist in Südamerika beheimatet. Das Aroma seiner Blätter ist leicht bitter, aber Traditionalisten würden ihn niemals süßen. Hier versüßt das Süßholz die Sache und die Limette harmonisiert die unterschiedlichen Noten.

2 TL **Matetee**

½ TL **gemahlene Süßholzwurzel**

1 TL **abgeriebene Bio-Limettenschale** und 2 dünne Limettenscheiben zum Garnieren

500 ml kochendes **Wasser**

Eiswürfel

1 Tee, Süßholzwurzel und Limettenschale in einer Kanne mit dem kochenden Wasser übergießen und 5 Minuten ziehen lassen.

2 Durch ein Sieb in einen Glaskrug umfüllen und abkühlen lassen.

ZUM SERVIEREN In zwei Gläser gießen, mit Eis auffüllen und umrühren. Mit je 1 Limettenscheibe garnieren.

ROSA ZITRUS-TAU

FÜR 2 PERSONEN

TEMPERATUR **100 °C** ZIEHZEIT **4 MIN.** ART **GEEIST** MILCH **OHNE**

Hibiskus wird in Kräutermischungen geschätzt, weil er eine kräftige rote Farbe gibt. Der Honig dämpft die herben Noten von Hagebutte und Hibiskus. Ein wunderbares Tonikum: Digestif und Erkältungsmedizin in einem.

1 TL **getrocknete Hibiskusblüten** (Flor de Jamaica)

8 ganze **Hagebutten,** zerdrückt

3 ganze **Gewürznelken**

1 TL **abgeriebene Bio-Orangenschale** und 2 Orangenscheiben zum Garnieren

500 ml kochendes **Wasser**

4 TL **Honig**

Eiswürfel

1 Hibiskus und Hagebutten mit Nelken und Orangenschale in eine Kanne geben.

2 Mit dem kochenden Wasser übergießen und 4 Minuten ziehen lassen.

3 Durch ein Sieb in einen Glaskrug umfüllen, den Honig einrühren und abkühlen lassen.

ZUM SERVIEREN In zwei mit Eiswürfeln gefüllte Gläser gießen und mit Orangenscheiben garnieren.

CRÈME DE CASSIS FÜR 2 PERSONEN

TEMPERATUR **100 °C** ZIEHZEIT **5 MIN.** ART **COCKTAIL** MILCH **OHNE**

Der süße, dunkle Johannisbeerlikör verleiht dem Cocktail eine ausgeprägte Süße. Aber der Fenchel, eine beliebte Zutat der mediterranen Küche, gibt mit seinem Lakritzaroma den entscheidenden Kick.

3 EL **zerstoßene Fenchelsamen**
400 ml kochendes **Wasser**
60 ml **Wodka**
60 ml **Crème de Cassis**
Eiswürfel

Außerdem
Cocktailshaker

1 Die Fenchelsamen in einer Kanne mit dem kochenden Wasser übergießen und 5 Minuten ziehen lassen.

2 Den Aufguss durch ein Sieb in den Shaker umfüllen und abkühlen lassen. Wodka und Crème de Cassis hinzugeben und mit Eis auffüllen. 30 Sekunden kräftig shaken.

ZUM SERVIEREN In zwei Cocktailgläser abseihen.

SÜDSTAATEN-VERANDA FÜR 2 PERSONEN

TEMPERATUR **100 °C** ZIEHZEIT **5 MIN.** ART **COCKTAIL** MILCH **OHNE**

Kamille besitzt ein deutliches Ananasaroma, das perfekt zum rauchigen Bourbon passt. Der duftende Cocktail erzählt von einem lauen Sommerabend in den Südstaaten.

5 EL **getrocknete Kamillenblüten**
400 ml kochendes **Wasser**
120 ml **Bourbon**
½ TL **Lavendelbitter**
Eiswürfel

Außerdem
Cocktailshaker

1 Die Kamillenblüten in einer Kanne mit dem kochenden Wasser übergießen und 5 Minuten ziehen lassen. In den Shaker umfüllen und abkühlen lassen.

2 Bourbon und Bitter hinzugeben und mit Eis auffüllen. Einige Sekunden kräftig shaken.

ZUM SERVIEREN In zwei Cocktailgläser abseihen.

ROIBOOZE

FÜR 2 PERSONEN

TEMPERATUR **100 °C** ZIEHZEIT **5 MIN.** ART **COCKTAIL** MILCH **OHNE**

Hier wird der klassische Martini zum »Teatini« oder »Mar-tea-ni« und der typische Wacholdergeschmack des Gins trifft auf süßen statt auf den üblichen trockenen Wermut.

2 EL **Roibuschtee**
400 ml kochendes **Wasser**
60 ml **Gin**
60 ml **süßer Wermut**
Eiswürfel
4 **Limettentwists** zum Garnieren

Außerdem
Cocktailshaker

1 Roibuschtee in einer Kanne mit dem kochenden Wasser aufbrühen und 5 Minuten ziehen lassen.

2 Durch ein Sieb in den Shaker umfüllen und abkühlen lassen.

3 Gin und Wermut hinzugeben und mit Eis auffüllen, dann einige Sekunden kräftig shaken.

ZUM SERVIEREN In zwei Cocktailgläser abseihen und mit Limettentwists garnieren.

LEMON MATECELLO

FÜR 2 PERSONEN

TEMPERATUR **100 °C** ZIEHZEIT **5 MIN.** ART **COCKTAIL** MILCH **OHNE**

Der Geschmack von Mate gleicht dem von grünem Tee, aber er hat auch ein leichtes Tabakaroma, das sich gut mit Limoncello verträgt. Sparen Sie nicht am Eis – dieser Cocktail hat ordentlich Süße.

3 EL **Matetee**
400 ml kochendes **Wasser**
120 ml **Limoncello**
Eiswürfel
4 **Zitronentwists** zum Garnieren

Außerdem
Cocktailshaker

1 Den Matetee in einer Kanne mit dem kochenden Wasser aufbrühen und 5 Minuten ziehen lassen.

2 Durch ein Sieb in den Shaker umfüllen und abkühlen lassen.

3 Den Limoncello hinzugeben und mit Eis auffüllen, dann einige Sekunden kräftig shaken.

ZUM SERVIEREN In zwei Cocktailgläser abseihen und mit Zitronentwists garnieren.

Roibooze Eine ausgefallene Martini-Variante: krautig, zitrusfrisch und fruchtig.

ORANGE-SPICE-SMOOTHIE

FÜR 2 PERSONEN

TEMPERATUR – ZIEHZEIT – ART **SMOOTHIE** MILCH **MANDELMILCH**

Der kühle, zitrusfrische und cremige Smoothie ist randvoll mit Vitamin C. Die entgiftende und erfrischende Wirkung von Orangenschale und Ingwer ist genau das Richtige für einen morgendlichen Energiespender.

Saft von 1 **Orange** und 1 TL **abgeriebene Bio-Orangenschale**

½ TL **geriebener Ingwer**

350 g **fettarmer Naturjoghurt**

2 TL **Hanfsamen**

120 ml **gesüßte Mandelmilch**

Außerdem

Mixer

1 Orangensaft und -schale, Ingwer, Joghurt und Hanfsamen im Mixer gründlich vermengen.

2 Die Mandelmilch hinzugeben und cremig mixen.

ZUM SERVIEREN In zwei Gläser gießen und am besten sofort genießen.

DUFTBLÜTEN-FRAPPÉ

FÜR 2 PERSONEN

TEMPERATUR **100 °C** ZIEHZEIT **5 MIN.** ART **FRAPPÉ** MILCH **OHNE**

Die Duftblüte wird für ihr süßes und beruhigendes Aroma geschätzt und oft Grüntees zugegeben. In diesem schaumig-leichten Frappé ist sie eine delikate Ergänzung zur fruchtigen Litschi.

1 EL getrocknete **Blüten der Duftblüte**

240 ml kochendes **Wasser**

4 EL **Litschisirup** (aus der Dose)

8 **Litschis** (aus der Dose)

240 ml **Kokoswasser**

4 **Eiswürfel**

Außerdem

Mixer

1 Die Blüten in einer Kanne mit dem kochenden Wasser übergießen und 5 Minuten ziehen lassen. Abkühlen lassen.

2 Durch ein Sieb in den Mixer umfüllen. Litschisirup sowie -früchte und Kokoswasser dazugeben und glatt mixen.

3 Die Eiswürfel hinzugeben und zerkleinern.

ZUM SERVIEREN In zwei Gläser gießen und am besten sofort genießen.

FRUCHT-FRAPPÉ

FÜR 2 PERSONEN

TEMPERATUR – | ZIEHZEIT – | ART **FRAPPÉ** | MILCH **OHNE**

Das Pektin in Apfel und Birne ist ein natürliches Dickungsmittel und macht dieses Frappé verblüffend schaumig. Das Rosenwasser bringt eine subtile Süße, während das Quercetin in den faserigen Fruchtschalen gut für die Immunabwehr ist.

1 **Birne,** entkernt und ungeschält in Scheiben geschnitten

1 **Apfel,** entkernt und ungeschält in Scheiben geschnitten

1 TL **abgeriebene Bio-Zitronenschale**

1½ TL **Rosenwasser**

240 ml **Wasser**

10 **Eiswürfel**

Außerdem

Mixer

1 Birnen- und Apfelscheiben, Zitronenschale und Rosenwasser in den Mixer geben, mit dem Wasser übergießen und glatt mixen.

2 Die Eiswürfel hinzugeben und kurz zerkleinern.

ZUM SERVIEREN In zwei Gläser gießen und am besten sofort genießen.

SÜSS & WÜRZIG

FÜR 2 PERSONEN

TEMPERATUR **100 °C** | ZIEHZEIT **5 MIN.** | ART **FRAPPÉ** | MILCH **OHNE**

Frische Frucht-Frappés muss man sofort genießen, weil sie schnell dunkel werden. Kardamom hilft bei der Verdauung und entgiftet. In dieser Mischung verleiht er dem süßen Pfirsich eine duftige Würze.

1 gehäufter EL **Roibuschtee**

500 ml kochendes **Wasser**

2 **Pfirsiche** (reif oder aus der Dose), entsteint und in Scheiben geschnitten

½ TL **gemahlener Kardamom**

3 TL **Honig**

5 **Eiswürfel**

Außerdem

Mixer

1 Den Roibuschtee in einer Kanne mit dem kochenden Wasser aufbrühen und 5 Minuten ziehen lassen. Durch ein Sieb abgießen und abkühlen lassen.

2 Pfirsiche, Kardamom und Honig in den Mixer geben. Mit dem kalten Aufguss übergießen und glatt rühren.

3 Die Eiswürfel hinzugeben und schaumig mixen.

ZUM SERVIEREN In zwei Gläser gießen und am besten sofort genießen.

COOL TROPICS FLOAT FÜR 2 PERSONEN

TEMPERATUR – ZIEHZEIT – ART **FLOAT** MILCH **OHNE**

Ein schöner Dessert-Drink, der irgendwo zwischen Smoothie und Float liegt. Die Minze belebt ihn, aber das Highlight ist ohne Zweifel der zwischen den Ingwerblasen treibende und tanzende gefrorene Joghurt.

1 **Kiwi,** geschält und gehackt

5 große **Minzeblätter** und 2 kleine Zweige zum Garnieren

65 g **Ananas,** gewürfelt

120 ml **Wasser**

2 große Kugeln **gefrorener Vanille-Joghurt**

240 ml **Ginger Beer** oder **Ginger Ale**

Außerdem

Mixer

1 Kiwi, Minze, Ananas und das Wasser in den Mixer geben und glatt mixen.

2 Die Mischung auf zwei Gläser verteilen und in jedes eine Kugel Joghurt setzen.

ZUM SERVIEREN Mit Ginger Beer auffüllen, mit Minzzweigen garnieren und mit einem Trinkhalm servieren.

MINZ-SMOOTHIE FÜR 2 PERSONEN

TEMPERATUR – ZIEHZEIT – ART **SMOOTHIE** MILCH **MANDELMILCH**

Im Vergleich zur Grüne Minze sind alle anderen Minzarten blass im Geschmack. Sie ist für diesen Smoothie die beste Wahl. Die Avocado verleiht ihm Cremigkeit – trotz Wasser und Mandelmilch kann man ihn beinahe essen.

½ **Avocado,** geschält

¼ **Salatgurke,** geschält, entkernt und gewürfelt

2 EL **gehackte Grüne Minze**

175 ml **gesüßte Mandelmilch**

175 ml **Wasser**

Außerdem

Mixer

1 Avocado, Gurke und Grüne Minze in den Mixer geben.

2 Mandelmilch und Wasser hinzugeben und 1 Minute zu einem cremigen Smoothie mixen.

ZUM SERVIEREN Den Smoothie in Gläsern servieren.

Cool Tropics Float Das Zusammenspiel von Ginger Beer und Joghurt lässt den Drink prickelnd moussieren.

ALOE-FRAPPÉ

FÜR 2 PERSONEN

TEMPERATUR – ZIEHZEIT – ART **FRAPPÉ** MILCH **OHNE**

Die Mischung aus süßen Früchten und Kräutern mag kühn erscheinen, aber die Minz- und Lakritznoten des Basilikums passen gut zu Erdbeeren. Der Aloe-vera-Saft ergibt ein wunderbar schaumiges Getränk.

10 **Erdbeeren,** in Scheiben geschnitten

2 EL **gehackte Basilikumblätter**

240 ml **Aloe-vera-Saft**

4 **Eiswürfel**

Außerdem

Mixer

1 Erdbeeren, Basilikum und Aloe-vera-Saft im Mixer cremig-schaumig mixen. Das Aloe-vera-Gel im Saft lässt einen kräftigen Schaum entstehen.

2 Eiswürfel hinzugeben und weitermixen, bis das Eis zerkleinert ist.

ZUM SERVIEREN Das Frappé in Gläsern servieren.

MAYA-SMOOTHIE

FÜR 2 PERSONEN

TEMPERATUR – ZIEHZEIT – ART **SMOOTHIE** MILCH **MANDELMILCH**

Der aromatische Smoothie kann unterschiedlich stark gesüßt werden, je nach Geschmack. Wer abenteuerlustig ist, kann ihn mit etwas Cayennepfeffer auch scharf würzen.

2 EL **ungesüßtes Kakaopulver**

¼ TL **Zimt**

1 TL **Cayennepfeffer** (optional)

3 EL **Honig**

150 g **Seidentofu,** gewürfelt

350 ml **Mandelmilch**

Außerdem

Mixer

1 Kakaopulver, Zimt und optional Cayennepfeffer in den Mixer geben. Honig, Tofu und Mandelmilch hinzufügen.

2 Alles zu einem cremigen Smoothie mixen.

ZUM SERVIEREN Den Smoothie in Gläsern servieren.

KOKOS-LIMETTEN-FLOAT

FÜR 2 PERSONEN

TEMPERATUR **100 °C** ZIEHZEIT **5 MIN.** ART **FLOAT** MILCH **KOKOSEISCREME**

Das aromatische und exotische Getränk versetzt einen auf eine Tropeninsel. Das Zitrusaroma der Kaffirlimettenblätter ist ein wunderbares Gegengewicht zur sahnigen Cremigkeit der Kokoseiscreme.

- 8 EL klein gezupfte **Kaffirlimettenblätter**
- 1 großzügige Prise **Lavendelblüten**
- 240 ml kochendes **Wasser**
- 2 große Kugeln **Kokoseiscreme**
- 240 ml kaltes **Sodawasser**

1 Limettenblätter und Lavendelblüten in einer Teekanne mit dem kochenden Wasser übergießen und 5 Minuten ziehen lassen.

2 Aufguss durch ein Sieb in einen Glaskrug abgießen, abkühlen lassen und 1 Stunde kalt stellen.

ZUM SERVIEREN 1 Kugel Kokoseiscreme in jedes Glas geben und mit dem Aufguss übergießen. Umrühren, mit kaltem Sodawasser auffüllen und sofort servieren.

SONNIGER MANGO-SMOOTHIE

FÜR 2 PERSONEN

TEMPERATUR – ZIEHZEIT – ART **SMOOTHIE** MILCH **MANDELMILCH**

Seine zartgelbe Farbe erhält der Drink vom Kurkuma, der gemahlenen oder geriebenen Gelbwurzel. Kurkuma ist reich an Antioxidantien und ergibt mit Mango und Joghurt kombiniert einen herrlich cremigen, süßen Smoothie.

- 1 **Mango,** in Scheiben geschnitten
- 1 TL frisch geriebene **Gelbwurzel** (Kurkuma) oder ½ TL **gemahlenes Kurkuma**
- 150 g **fettarmer Naturjoghurt**
- 1 TL **Honig**
- 300 ml **gesüßte Mandelmilch**

Außerdem
Mixer

1 Mango, Gelbwurzel (Kurkuma), Joghurt und Honig im Mixer ein paar Sekunden mixen.

2 Die Mandelmilch dazugeben und mit den anderen Zutaten zu einem cremigen Smoothie mixen.

ZUM SERVIEREN Den Smoothie in Gläsern servieren.

GLOSSAR

Absud Durch Abkochen gewonnener Auszug aus Pflanzenteilen.

Adstringierend Durch den Aufguss hervorgerufenes Gefühl, dass sich der Mund zusammenzieht und pelzig wird.

Ätherische Öle Die aromatischen Öle in Teeblättern, die durch Hitze und Sauerstoff freigesetzt werden.

Aufguss Flüssigkeit, die durch das Aufbrühen von Teeblättern mit heißem Wasser entsteht. Es gibt auch kalte Aufgüsse.

Autumnal (engl.: herbstlich) Spät (September–Oktober) geernteter Tee mit einem besonders milden Geschmack.

Ayurveda Traditionelle indische Heilkunde, die Pflanzenheilkunde einschließt.

Blattgrade Vor allem in Indien, Sri Lanka und Kenia verwendetes System zur Qualitätsbestimmung von Teeblättern auf Basis von Aussehen und Größe.

Bright (engl.: klar) Beschreibung für Schwarztee, der besonders mild adstringierend und frisch schmeckt.

Brisk Lebendiger Geschmack, leicht adstringierend. Wird oft zur Beschreibung von schwarzem Ceylon-Tee verwendet.

Camellia sinensis Immergrüner Strauch, aus dessen Blättern und Blattknospen Tee hergestellt wird. Es gibt zwei Varietäten: var. *sinensis* und var. *assamica.*

Catechine Pflanzenstoffe mit antioxidativer Wirkung, die schädliche freie Radikale bekämpfen.

Chanoyu Japanische Teezeremonie zur Zubereitung von Matcha mit ritualisierten Abläufen und vorgeschriebenen Utensilien.

Chasen Kleiner, aus einem einzigen Bambusstück geschnitzter Besen zum Aufschlagen von Matcha.

Chawan Stabile Teeschale, in der bei der Chanoyu-Teezeremonie der Matcha zubereitet wird.

Fermentation Chemische Zersetzung von Enzymen im Tee, die durch den Kontakt mit Sauerstoff und Wärme ausgelöst wird. Wird auch Oxidation genannt.

Flush Austrieb neuer Blattknospen am Teestrauch. Findet innerhalb eines Jahres mehrfach statt.

Gaiwan Chinesische Teeschale mit Deckel und Untertasse aus Porzellan oder Glas. Dient zur Zubereitung kleiner Mengen, zum Beispiel zur Verkostung.

Kill Green Erhitzen oder Rösten von Teeblättern für Grüntee, um eine Fermentation zu verhindern.

Koffein Natürliches Stimulans, das in jungen Blattknospen gebildet wird, um sie vor Schädlingen zu schützen.

Körper Die geschmackliche Tiefe vor allem von Schwarztees.

Kräutertee Aufguss aus Blättern, Wurzeln, Samen, Früchten, Blüten oder Rinde.

Kultivare Zuchtsorten von Pflanzen, die auf einen ganz bestimmten Geschmack oder eine Eigenschaft hin gezüchtet wurden.

L-Theanin Aminosäure im Tee, die Stress lindert und das Wohlbefinden fördert.

Mundgefühl Beschreibung der Eindrücke, die beim Trinken von Tee im Mund entstehen, z. B. weich, adstringierend oder cremig.

Nase Das Aroma eines Aufgusses.

Orthodoxe Methode Verarbeitungsmethode, bei der das Teeblatt möglichst wenig beschädigt wird.

Oxidation *siehe* Fermentation

Pekoe Die feinen Härchen auf der Unterseite junger Teeblätter. Gleichzeitig Bezeichnung für einen hochwertigen Tee im System der Blattgrade.

Polyphenole Antioxidantien, die den Körper bei der Entgiftung unterstützen. Tee enthält rund achtmal mehr Polyphenole als Obst oder Gemüse.

Pu-Erh Ein dunkler Tee aus der chinesischen Provinz Yunnan, der mit der Zeit weiter reift. Lose und zu Ziegeln gepresst erhältlich.

Rösten Das Erhitzen von Grünteeblättern in einem Wok, um sie zu trocknen und eine Fermentation zu verhindern.

Teeziegel Gedämpfte und zu harten Ziegeln gepresste Teeblätter.

Terroir Boden und Klima des Anbaugebiets, in dem ein Teestrauch wächst.

Umami Japanischer Begriff für einen Geschmack, der sich in vielen gedämpften japanischen Grüntees findet und mit »angenehm herzhaft« übersetzen lässt.

Yixing Region in der chinesischen Provinz Jiangsu, die für aus dunkelviolettem Ton von Hand hergestellte, unglasierte Teekannen bekannt ist, die nach ihr auch Yixing-Kannen genannt werden.

REGISTER

Die **fett** gedruckten Seitenzahlen verweisen auf Rezepte.

F

G

H

I

J

ÜBER DIE AUTORIN

Linda Gaylard ist eine von der Tea Association of Canada zertifizierte kanadische Tee-Sommelière und Absolventin des Tee-Sommelier-Programms des George Brown College in Toronto. 2009 gab sie ihr erfolgreiches Geschäft als einflussreiche Modestylistin auf und gründete die Website The Tea Stylist, mit der sie schnell bekannt wurde. Daneben schreibt sie für internationale Tee-Publikationen, gibt Fernsehinterviews, tritt in Lifestyle-Vlogs auf und veranstaltet Tee-Verkostungen und Tee-Events.

Auf ihrer Suche nach Teewissen ist Linda durch die ganze Welt gereist, unter anderem nach China und Korea, wo sie Plantagen und ihre Betreiber besucht und die edelsten Tees verkostet hat. Linda hält regelmäßig Vorträge auf Teemessen in aller Welt, wie der World Tea Expo.

DANK

Dank der Autorin: Ich danke meinen Freunden und meiner Familie (allen voran Angus, Malcolm und Roger) für ihre Unterstützung und ich danke den Kollegen in der Teeindustrie für ihre Großzügigkeit und dafür, dass sie nie mit ihrem Wissen gegeizt haben. Dank auch an Kathy Woolley, Redakteurin bei DK, die uns alle auf Kurs gehalten hat. Ich trinke einen Tee auf euch!

Der Verlag bedankt sich bei Don Mei und Celine Thiry von Chinalifetea.com für die Informationen zur chinesischen Gongfu-Cha-Zeremonie, bei Peter Cavaciuti, Michi Warren und Teiko Sugie von der Kaetsu Chado Society für die Informationen zur japanischen Chanoyu-Zeremonie und bei Jeunghyun Choi für die Informationen zur koreanischen Darye-Zeremonie.

Außerdem danken wir:
Fotografie: William Reavell
Hauswirtschaft: Jane Lawrie
Requisiten: Isabel de Cordova
Redaktionelle Mitarbeit: Bob Bridle

Ein Hinweis zu den Karten
Die Teeblatt-Symbole auf den S. 74–129 stehen für bekannte Anbaugebiete. Die grünen Unterlegungen zeigen die größeren geographischen Anbauregionen mit für den Teeanbau geeigneten klimatischen Bedingungen.